開祖　植芝盛平翁（1883～1969）

二代　植芝吉祥丸道主（1921 ～ 1999）

三代　植芝守央道主（1951～）

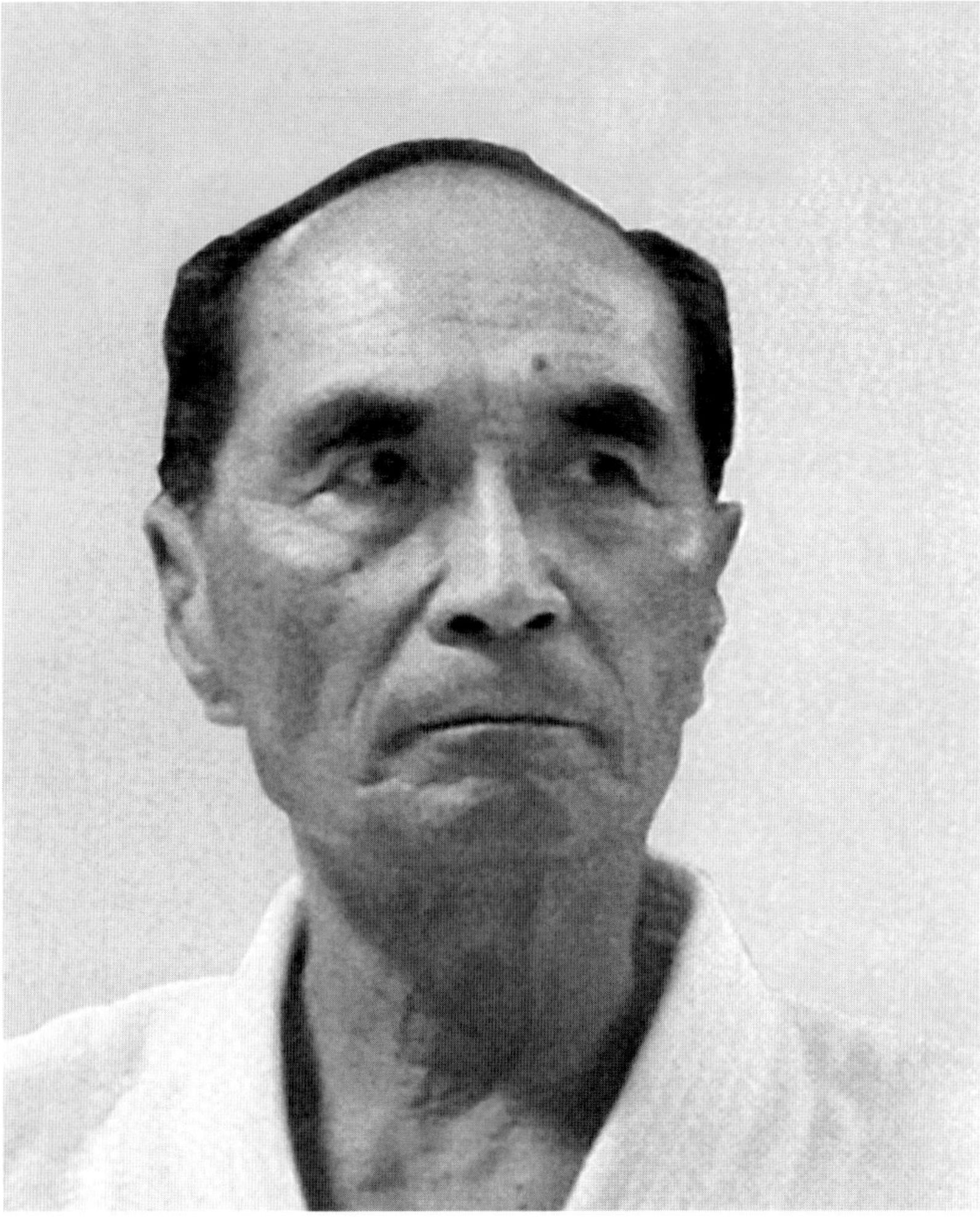

合気道本部道場　多田宏師範（1929～）

合気道稽古ノート
天地
―合気道入門から気の錬磨に至るまで―

小手返編

目次

早大合氣道会

『多田宏師範合気道教本』（DVDビデオ三巻セット）について

『多田宏師範合気道教本』は、早稲田大学合気道会創立五十周年記念として、平成二十二年六月に早稲田大学合気道会の卒業生による校友会の団体である、稲門合気倶楽部が制作しました。

本教本では、多田宏師範が合気道を学ぶ後輩に向けて様々な合気道技法の、動画による紹介と解説を行なっています。収録内容は、教本①、教本②、教本③の三巻で構成され、DVDビデオディスク三枚を一つのケースに同梱し、稲門合気倶楽部ならびに早大合気道会の多くの学生に配布されました。

さらに市販版として、株式会社BABジャパンより『DVD 多田宏師範 合気道技法全集第一巻 抑技編（計75指導）、第二巻 投技編（計94指導）、第三巻 武器技編（計23指導）』（撮影・編集株式会社ビデオフォトサイトウ）が三巻別パッケージに分かれて一般書店等で販売されています。

（非売品）

●DVDビデオ内容

教本①：呼吸法、稽古風景、片手取両手持呼吸、一教、二教、三教、四教、五教、坐技

教本②：四方投、入身投、小手返、天地投、呼吸投、回転投、十字絡投、腕絡投、後切落、多人数掛、足捌き、片手取気の流れ・一教気の流れ

教本③：木剣、杖、短刀取、太刀取、杖取、杖投、練り棒、坐技呼吸法、輪になって呼吸

（市販品）

はじめに――『合気道稽古ノート 天地』〈小手返編《こてがえし》〉について

『合気道稽古ノート 天地』第一巻 四方投《しほうなげ》編に続き、第二巻 小手返編を開始します。現代に活きる武道としての合気道は日本の古流武術の流れを汲み、明治・大正・昭和の激動の時代を経て合気道開祖 植芝盛平大先生《うえしばもりへいおおせんせい》（以下、大先生）により創始されました。やがて早稲田大学にも当時の財団法人合気会直属の早稲田大学合気道会（以下、合気道会）が創立されて活発な活動が行われました。一九七九年（昭和五十四）に早稲田大学入学と同時に私は合気道会に入会し、第二十三代会員として白帯を締めて稽古を始めました。この当時、千円紙幣といえば伊藤博文初代総理大臣の肖像が印刷されていた時代です。パーソナルコンピュータを持っている人は誰もいない時代でのんびりしていました。携帯電話などなく、授業の出席管理もありやなしやでひたすら稽古に没頭できました。稽古では、多田宏《ただひろし》本部道場師範（以下、師範）に直接指導していただいていました。

この合気道稽古ノート「天地」はこれから合気道を学ぶ後輩大学生を対象として執筆しています。合気道という大海原を進む羅針盤となるべく二〇一〇年六月に合気道会創立五十周年記念DVD『多田宏師範合気道教本』が制作されました。本書はこのDVD教本②第三章「小手返」を底本としています。「百聞は一見にしかず」といいます。是非師範のダイナミックな動画映像と技の説明を見て練習してみてください。

私が学生のときは師範は道場で技の模範を無言で示されるだけでした。言葉による技の説明はほとんどありません。一通り技を示されてから「はい」と言うだけです。学生は目を皿にして師範の動きを黙って見取り稽古しました。師範の「はい」という言葉で走って先輩の前に行き、大きな声で「お願いします」と言い、今見た技を練習します。ものすごく集中していたので、師範の動きを言葉の介在なしにダイレクトに吸収しました。令和の現在はとても幸せだなと思うことがあります。昭和の学生時代にひたすら見るだけで黙々と覚えた技について、今は師範がとても詳しく説明をしてくださいます。有難いことだと思います。

本書の内容は昭和・平成・令和の各時代の稽古でのエピソードを交えつつ、願わくば百年後の後輩へ伝えるべき「合気道稽古の参考ノート」としています。なお、「天地」というのは合気道会内で不定期に発行されていたサークル誌のタイトルです。会員個人の稽古の感想文があったり、自由な人生のつぶやきの文章もあったりといった多彩な内容でした。後輩学生に向けた稽古ノートという本書の位置付けを表しています。

一般的な合気道のイメージの一つとして、体の小さな者でも体格のより大きな人に通用する武道というものがあると思います。小よく大を制する。小手返はこのイメージに実にフィットする技です。離れた位置からお互いが歩み寄る。サッとすれ違いくるりと転換したかと思うと、その流れる動作の中から小手返が生まれます。強力な遠心力でうまく技が極まると大きな人でも軽々と宙に舞うのです。

令和五年六月吉日

梶浦 真

師範「柔術はすべての武芸の母体である」

日本武道に古くから伝わる歴史の流れからみて合気道はサムライの技です。徒手であっても剣や槍の動きと共通した体の動きを行います。

かつて戦国時代に武士は腰の刀や、長い槍を主武器として使いました。山に籠り、朝から晩まで何千回、何万回と刀や槍を振る鍛錬に明け暮れたといいます。命懸けで真剣です。侍は刀を振りかぶって斬り下ろす。槍を繰り出して突く動作に習熟していました。師範の話ではミクロン単位の精度があったのではないかとのことです。その中でたとえ素手であっても、剣や槍を持った場合でも体の動きはすべて共通でいけるというひらめきから、「一を持って万に当たる」剣術型の柔術が発展しました。合気道がサムライの技ということは、サムライの主武器である刀で斬る、槍で突く動きそのままが体術と一体になっている技という意味です。

柔術をしっかり稽古すれば、刀や槍、薙刀を持った場合も使いこなすことができます。合気道はこの剣術型柔術の伝統に則って素手の状態であっても刀で斬る動き、槍で突く動きで相手を制します。「柔術はすべての武芸の母体である」と師範は語ります。

もしかしたらオリンピックで見られるような細かくルールが細分化されたレスリングや現代武道の柔道や剣道などのイメージで考えるとちょっと分かりにくいかもしれません。昔の侍は二十四時間刀を身につけています。寝るときも刀を身近に置いていました。素手の柔術でも刀や槍で戦うときも同じ身体動作の法則で活動していたのです。この剣や槍の理合を知っているだけでも合気道の上達が早まります。

また小手返は技の分類上、投げ固め技に分類されます。投げると同時に相手をうつ伏せに抑えて固めてしまうのです。投げと固めがワンセットになった大変便利な技です。武道の護身という側面を考えるときに、投げた相手が何回も立ち上がってくると面倒です。いきなり相手を頭から落として気絶させるというのも過剰防衛で問題です。投げた相手を傷つけずに取り抑えることができれば理想的です。合気道では原則、相手をうつ伏せにして抑えます。反撃されにくい抑え方です。小手返で投げた相手をすぐに固める技は練習が必要です。投げから固めに繋げる要領をよく確認していただければと思います。

順と逆

合気道の技は、手首関節を取ることが多いのですが、関節を曲がる方向に曲げること、それを「順」といいます。関節が曲がらない方向に曲げることを「逆」といいます。

小手返は、手首が無理なく曲がる方向に曲げます。つまり順の投げ技となります。合気道の大半の関節技は順方向の技です。合気道には逆技もあります。逆技では肘極めなどが代表的な技です。肘をこれ以上曲がらないところまで極めます。関節を鍛えることは健康増進の上でも大切です。

師範が植芝道場に入門して三ヶ月ほどすると関節が強くなって、同門の人に練習で関節を極められても段々効かなくなってきたそうです。自分の家で鍛えたそうで両手を後ろ側に突き出し、家具に引っ掛けて関節を鍛えるなどの一人稽古をしたそうです。「関節を鍛えるとどんなに技をかけられても大丈夫だという自信ができる。これが稽古をしていく上で大事だ」と師範は力説されています。

昭和五十年代という時代、学生稽古で先輩方が関節を極めるとそれは激烈でした。たとえば二教裏はちょっとやそっとでは離してくれません。二教という技を極められると手首に激痛が走るので、受けは「参った」の合図として手で畳をバンバンと叩きます。ふつうはそこで関節技を解いてくれるはずなのですが、参ったの合図をしてからもなおもきつく締め付けてくる先輩がいました。受けはそういうときにもっと激しく畳をバンバン、バンバンと叩くのです。二教のまま、道場を端から端まで手を離さないという恐ろしい話もありました。ふつうの稽古では、一回「参った」の合図を手でパンッと打ったら極めをゆるめないといけないのがルールです。それがルールなのですが、大昔の先輩はこっちが参ったと合図しているのに、ご自分で「まだまだ」「まだまだ」といって二教をやめない、そんな先輩もいるという昭和時代の都市伝説を聞いたことがあります。学生稽古の荒波にもまれているうちに自然と関節も強化されてゆきます。令和の時代に初心者相手にこのような稽古をしたら道場生が誰もいなくなってしまいます。

関節のしこりをとるための手首の運動として、二教手首運動、小手返運動、三教手首運動などの準備運動があります。二教手首運動も小手返運動も、昭和の時代は一年生が「イチ、ニッ、サン、シッ、ゴー」、手首を変えて「イチ、ニッ、サン、シッ、ゴー」と一回一回、気合いを入れ大きな号令を掛けながら準備運動を行いました。

少しでも声が小さいと、「一年、声が小さい」と先輩から叱咤されます。「自分で自分の手首を折るぐらいにやれ」と先輩から教わりました。人間には自壊の防止という生命の基本的な本能があるため、自分で自分の手首を折るというのはなかなかできないことです。もし本当に手首が折れたら困るなと思いながら大きな掛け声をかけて、自分の手首をギュウギュウ精一杯折り曲げて準備運動をしました。

前回り受け身

受け身の稽古についてですが、四方投は後ろ受け身を学べばお互いにスムーズな練習が可能です。小手返は前回り受け身（単に前受け身ともいう）を覚える良い機会となります。合気道には回転投や十字絡み投など、前回り受け身を行う技が数多くあります。段階的にこれらの技に進む前に小手返で前回り受け身に慣れると、後々に前回り受け身が必要な技の習得が容易になります。

小手返の投げ技を覚える前に、転んでも怪我をしないように前方に回転しながら受け身を取る前回り受け身の一人稽古をします。

両手を伸ばして体の前で丸い輪を作り、「両手は丸い鉄の輪だ。絶対に崩れない丸い鉄の輪だ」と思って前方に回転して受け身を取ります。

最初から勢いよく回転してなんともない人はそれでいいのですが、初心者に前回り受け身の稽古をさせるときは、片膝をついた低い姿勢から後ろ足で地面を蹴って丁寧に回転する稽古を行います。体を低くして、位置エネルギーが低い状態から練習します。徐々に姿勢を高くしていきます。肩から畳に突っ込んで怪我をしないように両手を丸くします。慣れてくると立った状態から空中にジャンプして前回り受け身を行うことができるようになります。後ろ回り受け身でもそうですが、レールの上を車輪がスムーズに転がっていくように、動きに線が出るように回転します。

たとえば左足前の左半身で立った場合、左手を前に出して丸く前回り受け身を行います。これがふつうのやり方です。その次に手足交互前受け身という受け身を習いました。左足前の左半身で、ちょっと体を捻って今度は右手から畳についていきます。ふつうのやり方と手足が逆さまになるので、これを手足交互前受け身と称していました。

自分一人で怖がらずに前回り受け身ができるようになったら、補助の人の協力で投げられた状態に近い稽古をします。補助の人が出す手を握手してつかんで前回り受け身をする、補助の人のサポートが上手いと空中に飛び出す恐怖心も和らぎます。この「握手受け身」の練習を何度も行いました。これは新入生が入ってくる毎春の伝統行事みたいなもので、右手、左手と交代しながら五十回、百回と握手受け身の練習を行いました。

前回り受け身は苦労する人が多いので、練習上のコツをいくつか記載します。

指をピンと伸ばします。両手で丸い鉄の輪を作り畳に手をつきます。手が鉄の車輪になるイメージです。車輪の中にある頭を打たないようにします。頭や肩を地面に激突させないように体を丸めて、体全体を小さな球のようにします。後足で蹴ってまっすぐ前に回り、すばやく立ち上がります。左右くり返して行います。

片膝をついた低い姿勢から稽古を開始します。最初は低い姿勢で練習して、徐々に慣れてきたら姿勢を高くします。頭を打たないように気をつけます。

低い姿勢の方が位置エネルギーが低いので体への負担も少なく、受け身の練習回数を増やせます。平たく言えば低い姿勢の方が痛くないのです。十回、三十回、五十回、百回と徐々に数を増やしてみてください。どんなに転がるのが上手くいかない人も毎日百回前回り受け身の練習をすれば、すぐに上手くなります。

右に投げられても、左に投げられても自由に受け身が取れるように練習します。「右に転がるのは大丈夫だけれども、左に転がるのは苦手だという人は、左に転がる練習を右の二倍練習する。そうするとどちらに転がっても受け身が上手くいくようになる」と師範は説明します。

前回り受け身
「両腕は丸い鉄の輪だ」とイメージして肘や肩、頭を畳に打ちつけないように丸く前回りします。最初はなるべく低い位置から練習します。右半身から右手刀と右膝をつけて低い体勢となり左足で畳を蹴って前回りします。左右両方練習します。

手足交互前回り受け身
手足交互は、上半身を捻って反対の手から前回り受け身をします。右半身でふつうの前回り受け身であれば右手を前にして前回りしますが、手足交互は、右半身から上半身を捻って左手から着地して前回りします。「両腕は鉄の輪だ」とイメージするのは同じです。

四月に入門して、すぐに受け身の練習を開始すると五月には上手くなります。春の時期にあまり稽古に来ない新入生は受け身の練習も不十分になりますので、夏合宿前の稽古で苦労することになります。五月や六月に遅れて入会してくる人には余計に受け身の練習時間をとって稽古するようにします。前回り受け身では特に、畳に肘や肩そして頭を打たないように気をつけます。

合気道会の稽古では、毎日の基本の準備運動の中に膝行や前回り受け身が組み込まれていて、毎回必ず道場の端から端まで受け身の練習をしました。左半身から左手を前に出して回転する。次に右半身から右手を前にして回転する。道場の端から端まで左右左右と交互に前回り受け身をします。

主将の「一年、前受け身!」という号令のもと、一年生から先に前回り受け身の練習を開始します。「二年」、「三年」と学年順に進み、最後は「四年以上」という号令で、四年生と卒業生の先輩が稽古に参加している場合は一緒になって受け身の練習をします。一年は先に道場の端に到達しているのですが、先輩方が受け身で転がってくるのを大きな声を出しながら気合いを入れて待ちます。ともかく稽古中はやたらと応援の声出しをしていました。現在の稽古ではあまり大声を出すことはなく、稽古中に大声を張り上げるのは昭和の思い出です。

合気道会に入会した年、創立二十周年の合気道演武会が早大柔道場で開催され、一年は見学していました。このときはご来賓として予定していた植芝吉祥丸二代目道主がご都合により欠席され、来校された植芝守央現道主が記念のスピーチをしてくださいました。現存する当時の記録映像を見ると、学生演武の最中でも周りの学生が大きな声で「おりゃー、おりゃー」と応援しています。

毎春の行事として受け身の集中稽古をしました。右半身から右手前で前方に回転、そして次は左半身で左手前に前方回転と交互に行う前回り受け身から始めて、これが上手くできるようになれば次に手足交互前回り受け身を習います。左半身から右手を前にして前回りに受け身をします。先ほどのふつうの前回り受け身と違い、手足が逆なので体が多少捻れます。この受け身も道場の端から端まで連続回転して稽古をします。

手足交互に慣れてきたら、二人で組んで握手受け身の練習をします。補助の人の手を握り、握手した手の方向に前回り受け身を行います。毎日徐々に回数を増やしていきます。最初は後輩から受け身を行い、汗びっしょりになります。次に先輩が受け身を行います。先輩方は鉄人のように鍛えていて何回握手受け身を取っても涼しい顔をしています。秋から冬にかけてはもう受け身を覚えているのでこのような受け身の数稽古はあまり行われなくなり、技の稽古を多くしてその中で受け身も練習します。

受け身は春の時期に徹底的にマスターし、秋の早稲田祭では二年生が稽古風景演武で、跳び箱のように伏せた二、三人の背中の上をひらりと飛び越していく前回り受け身を披露するのが常でした。

大学に入学した頃、毎週木曜日に本部道場（当時は財団法人合気会本部道場）で、師範の合気道会の稽古時間がありました。そのため師範が受け持つ一般稽古時間とかち合わないように学生稽古を行いました。

本部道場稽古のある木曜日は、早稲田のキャンパスから戸山公園の草がぼうぼうと茂る脇道を登って本部道場に通いました。木曜日はなぜか雨の日が多かったと記憶しています。今ではきちんとした舗装道路がありますが、当時は公園の脇道が近道でした。

本部での学生稽古で小手返の稽古をしました。先輩方にすごい勢いでビタンビタンと小手返をかけられると、毎回マグロがのびたように畳の上で大の字になっていました。私の組んだ相手の先輩は、小手返で投げ終わっても握った手を離してくれず、おまけに投げてからその手を引っ張るので毎回畳に大の字にのびる羽目になったのです。

受け身が下手だった私に、師範は「小手返の受け身は体を小さな球のようにして行う」と指導してくださいました。

師範の指導通りに小手返で投げられた際に、これでもかというぐらい体をキュッと小さく丸めて受け身を取りました。すると次の瞬間には投げられた勢いでもう立ち上がっていました。投げた先輩の方がまだ投げ終わった体勢のままなのでびっくりでした。まるで魔法のようです。ひょっとしたら投げるより早く立ち上がれるのではないかという感じです。おまけに体をものすごく小さく丸めると受け身があまり痛くないのでこれはラッキーだと思いました。

稽古の帰り道に若松町にある統計局前の横断歩道をわたって早稲田大学に戻るのです

が、途中に小さな売店があり先輩方によくジュースをおごってもらいました。受け身についで、稽古中の師範のたった一言でしたが、それまでの小手返で大の字にのびてしまう世界から解放されてとても嬉しかったです。

前にも述べたように、前回り受け身では「両手は丸い鉄の輪だ」と強くイメージします。肩をぶつけると痛いので両腕から肩、背中まで体全体を丸くして、丸く丸く転がります。体を小さな球にして受け身を取り、パッと一瞬で立ち上がります。相手の投げる勢いを利用すると一瞬で立ち上がることができるようになります。不思議なもので自分自身受け身ができるようになると相手を投げるときも遠慮なくできるようになります。

当て身

関節を取る際は、その前に必ず当て身を入れておく。これは常識だそうです。稽古ではとかく当て身は省略されがちですが、いきなり相手の関節に両手でしがみついても簡単に投げさせてくれるものではありません。小手返は相手の片手をこちらの両手でつかむ瞬間があるのですから、相手に残っている手で反撃されないように注意する必要があります。

なお、本文中で当て身を入れると記載していますが、間違っても本当に稽古相手の顔面をなぐったり、鳩尾《みぞおち》にドンと突きを入れたりしないで、寸前で止めてください。

特に武器取りへの応用では、まず当て身を入れる。それから武器取りに移行します。最初の当て身を省略すると、必要な手順を踏まないということですから、技全体として必要なタイミングが微妙に狂うことがあります。当て身はよくよく研究が必要です。

一重身《ひとえみ》の半身

小手返には半身の構えから転換する練習がつきものです。学生時代は四月の入会早々の準備運動時に半身の構えと転換を教わりました。基本中の基本です。

畳の継ぎ目などの直線を利用し、正面を向いて両足をピタッと揃えて立ちます。閉足立《へいそく》ちです。直線に沿って左足を前に出して、肩幅より広めに両足を開きます。前足裏、親指の付け根にある拇指根《ぼしこん》（拇指球《ぼしきゅう》ともいう）と後ろ足の拇指根が一直線上に並びます。腰を落として前膝は足の親指の方向に曲げます。

後ろ足（この場合、右足）を拇指根を中心に九〇度回転させ開き左半身の姿勢をとります。この体勢を一重身の半身といいます。前足の拇指根と後ろ足の拇指根が正確に一直線上に並んでいるところが大事です。畳の継ぎ目などを利用して正確に一重身になっているかどうか自分自身で確認します。稽古中でも正確に一重身の半身の体勢がとれているか確認する習慣をつけます。海外の道場で稽古するときも自分の一重身の体勢がとれているか確認する習慣をつけておくと、世界中どこに行っても多少の時差ボケがあっても自分本来のスタンスで安定した動作を行うことが容易になります。左足が前なら左半身、右足が前なら右半身となります。

左半身の実験
前にした左足の拇指根と右足の拇指根を一直線にした一重身の半身です。両足を軸に180度後方を向くと右半身となります。実験のため、重さ 7.8 キロ、長さ 120 センチの鍛錬棒を持ってみました。二重身の姿勢では長い槍は持てないと実感します。

後ろ足の開き方は撞木《しゅもく》といって九〇度まで横に開きます。自分の背中側に足の形で三角形ができます。このため裏三角と称します。足の開き方ですが、九〇度にこだわらず普段は四五度ぐらいの方が動きやすいです。「投げ技で後ろ足をピンと伸ばして投げるときに、後ろ足の足先を九〇度開いていると、後ろ足の上に誰かが落ちてきたら自分の膝が壊れて危ない」と師範は語ります。大きく足を開く場合、安全上から四五度を基本とします。

二重身《ふたえみ》の半身

二重身の半身という姿勢もあります。両足の拇指根が正面を向いて二本線の上にきます。正面を向いて両足を肩幅に開いて立ちます。平行立ちです。左足はそのままで、右足だけ半歩真後ろに引きます。すると正面から見て体は斜めになっています。正面から見て左足のラインと右足のラインの二本の線ができます。大きな力で前を押すときに人は自然とこの二重身の体勢になっていることと思います。

一重身の半身で一八〇度真後ろを向いても半身の体勢となります。左半身で一八〇度回転すればきれいに真後ろを向いて右半身となります。正面の壁の一点を見つめていて、次の瞬間に後ろの壁の一点を見つめます。途中の景色を見ることなく左半身から右半身へ一瞬で体勢を変えます。何回繰り返しても同じ体勢です。

次に二重身の半身をつくり、一八〇度回転します。すると斜め後ろを向く結果となり、うまく真後ろを向けません。

自分で実験してみると納得するのですが、正面を向いてこの二重身の体勢をとり、両足の拇指根を中心に一八〇度回転して後ろを見る運動をしてみると、残念ながらうまく真後ろを向けない。合気道は三六〇度的な稽古を重視していて片足を軸にした転換、両足を軸とした回転を多用します。一重身の半身がとても都合が良いわけです。

一重身の半身で、両足の拇趾根を中心に腰を回転させれば一八〇度後ろを向く動作が正確に行えます。四方切り動作で正面を切って、真後ろを切る動作もこの一重身の動作で行います。

一八〇度の転換が基本ですが、九〇度転換や、二七〇度転換、三六〇度転換など自由に動いて練習してみてください。さらに左半身のまま、後ろ足の右足を半身の構えを変えないで前に出す「歩み足」という歩き方を覚え、前足を外側に開く動作を知ると回転できる領域が大きく広がります。

また、入り身で相手の背後に通り抜ける動作のときも一重身が重宝です。二重身だとすれ違いたい相手と肩がぶつかってしまう恐れがあります。多人数掛けや武器取りなどの応用技でも相手の攻撃の線をかわす際に一重身の体勢が活躍します。武器取りを実際にやってみると相手の攻撃で後ろ側の手を切られるケースが意外と多いのです。基本の一重身の半身にはかなり深い意味があるようです。

師範が道場でよく槍の話をしてくださいます。大先生は「槍には自信がある」と槍が得意だったそうです。槍で米俵を突き刺して空中に跳ね上げ積み替えることぐらいお茶の子さいさいという話や、手慣れた槍なら手元から一尺離れても戻ってきたという話を聞かせてもらいました。幕末の時代、「蛤御門の変」で御所をお守りした会津藩の槍の達人は押し入ってきた兵を槍で塀の外に投げ飛ばしたとのこと。

自分が何メートルもある長い槍を持ったことを想像してみてください。師範の説明でヨーロッパの博物館にある中世の騎士たちが使った長い槍の話がでてきます。槍の長さは数メートルあって、槍を垂直に立てると月窓寺の道場の天井を突き抜けるほどの長さで、槍の柄は腕よりも太く重さも相当に重たいといいます。

そのような槍を持つには一重身になって腰のところで槍をピタッと腰につけて持たないととても持てる代物ではない。足捌きは歩み足で半身を切り替えないで一重身のまま歩いてゆきます。二重身に構えて槍と前の手と腰の間に隙間があったら、とても重量級の槍を持って移動することはできません。自分で実験してみると納得できます。

新宿区にある西念寺にはその昔、服部半蔵が徳川家康から拝領したという長い槍が保管されています。徳川家康の家来だった服部半蔵は、戦場で槍の名手として知られたそうです。現存するその槍は穂先が折れてしまい、第二次大戦の空襲により柄も焼け焦げてしまいましたが、それでも現在の全体の長さは約二・六メートル、太さは約五センチ、重さは七キロ以上あるそうです。現在新宿区登録有形文化財として保存されています。

なお、槍の穂先には刃がついていますが、刃と反対側の端のところは石突《いしづ》きという金具をつけて補強しているのが一般的でした。戦国時代に槍を繰り出して戦う場合、相手は槍の穂先をかわして付け入っていくのですが、槍を持つ人は近寄ってきた相手に対して槍を返して石突きの金具でドーンと相手の胸を突いて吹き飛ばすのです。

短槍《たんそう》という武具もあります。本部道場には大先生が実際に使用された木製のかなり短い槍が保管されています。片方の先端が削ってあり尖っていました。

合気道の練習では木製の杖《じょう》を使います。どちらの端も平らになっています。槍のように尖っていたらちょっと恐ろしいです。先端が平らな杖でもポンと突かれたら大怪我をしますから取り扱いには細心の注意が必要です。

なお、「槍の名人は突くときよりも引く方が速い」という格言があります。長い間、この話はどうしてそうなのか全くわからず不思議でした。ある日師範が、刀を上段から振り下ろす動作が、槍でいえば突き出した槍を引く動作にあたると説明してくださいました。刀を斬り下ろすスピードならとても速そうです。この話を聞いて、なるほど槍の名人は突くときより引くときの方が速いのだと納得ができました。

歩み足

長い槍を持ったまま半身を保ち前進する方法です。槍の穂先をぶらさないように後ろ足（右足）を一歩前に出します。腰をしっかり落として低い姿勢で練習します。踏み込んだ右足は横を向いています。ここから回転運動を行うと270度近く回転が可能です。

転換

合気道は両足の拇指根を中心に回転や転換を多用するため、一重身の半身が基本となっています。左半身もしくは右半身の体勢をとり、両足を広めに開き腰を落とします。手は前の手を手刀にして前方に出し、後ろの手は手のひらを下にして五指を開き押さえるように腰につけます。後ろの手は転換の最中、氷の上をスーッと滑るように流れてゆきます。

転換の際に足の動作は、前足の膝を少し前に出します。そして拇指根の真上に膝がきたら、拇指根を軸に一気に一八〇度背転します。足は扇形に弧を描きます。背転するところが大きな特徴でこれを転換といいます。

大先生はよく足袋を履いて稽古されていて、大先生の足袋は親指の横と拇指根のところしか破けなかったそうです。

棒立ちで足をまっすぐに伸ばしたままではなかなか合気道は上達しません。大きく両足を開いてグッと腰を落とします。腿《もも》が水平になるぐらい腰を下げます。そのような低い姿勢で転換をするには、前足の拇指根の真上に膝がきたときに転換をすることが安定した回転のために必要となります。

目は前方の一点を見つめ、転換後は後方の一点を見つめる練習を行います。瞬間的な転換を行うため、転換の途中は何も見ません。学生時代は前を見て、次の瞬間には後の一点を見る高速な転換の練習をしました。準備運動で号令に合わせ左右の転換を十回程度行いました。正確に一八〇度転換して自分の体の動きで角度を精密に出す練習をします。

言葉の使い方

道場ごとに練習時の決まり事を表す独特の合気道用語というものがあります。辞書を見ても意味がわからず首を捻るかもしれません。たとえば「外側、内側」という言葉です。半身に構えて、背中側を外側、腹側を内側と称しています。

正面を向いて平行立ちで両手を広げてみます。内側、外側の説明をするならば、広げた両手の腹側が内側です。そして広げた両手の背中側が外側となります。

「受け、取り」という言葉もお互いの約束事です。合気道の稽古において技をかける人間を「取り」といいます。技を掛けられる人を「受け」といいます。つまり見かけ上「受け」が攻撃していくのですが最後は投げられる人のことです。

「傾注、集中」という言葉もあります。自分の心が相手に囚われている状態を傾注（英語でAttachment）といい、その反対に自分の心を鏡のようにして静かに対象が写っている状態を集中（英語でConcentration）といいます。これも道場での言葉の約束事です。傾注と集中の違いはコインの裏表のようでわかりにくいので、気づくには自分の内面を見つめる努力が必要です。体得して初めて違いがわかります。

リバース小手返という用語

説明の便宜上、本書では小手返の取り方で、受けの手を上から取る通常の方法を「小手返」と表記し、これとは反対に下から取る小手返を「リバース小手返」と表記しています。私自身がこの本を書くための方便です。ＤＶＤ教本などでの師範の説明はどちらも小手返です。

リバース小手返という名称について、これは後述しますが、アメリカ・カリフォルニアにある潮平秀樹《しおひらひでき》先生（第十一代）の道場にお邪魔したときに教えていただいた呼び方です。この名称は本書作成上の言葉の使い方です。合気道会や月窓寺道場の稽古でも「リバース小手返」という名称は使われておりませんのでご了承ください。

※今回はモデルが全員マスクを着用しています。本書を執筆中の二〇二〇年より世界的に新型コロナウイルス感染症（COVID-19）が流行しました。全国的に被害も大きかったため、一時的にモデルはマスクを着用して撮影をしました。

小手返編

『多田宏師範合気道教本』ＤＶＤ教本②
「第三章　小手返」参照

二十八．片手取小手返

師範（ＤＶＤ教本より）

「（逆半身片手取り）バッ、（持たせている手を回しながら）手はこうまっすぐ入る。バッと（当て身）、パッと膝につける。（小手返から抑え）基本の稽古としては膝につける。いいですね。ホイッとパッ、膝につける。（小手返から抑え）（転換して）パッと手首を下から取る。（リバース小手返から抑え）

（受けは右手を出す）こちらの手（取りの左手）だったら（受けの右手を取りが上から左手で持つ）、小指と無名指（薬指）が相手の関節にきて、親指が相手の無名指のもとにきている。こちらの手（取りの右手）で取るときはこうは取らない（受けの右手を取りが下から右手で持つ）。同じように小指と無名指が相手の関節に入って、無名指のもとに親指がくるように。つまり（上から）こう取るか、（下から）こう取るか。ここで小さい円を描いて、パッと刀で斬り下ろす。同じです。こうなってこうなってこう。同じ。（リバース小手返）パッてこう斬り下ろす。（リバース小手返）」

※右記はＤＶＤ教本の師範の説明で、（　）内のコメントは筆者が追記したものです。なお、技名の前に付いている番号はＤＶＤ教本②第三章小手返の番号に対応しています。

小手返は下段の技

パッと膝につける。小手返の稽古で師範は必ず「小手返は下段の技」と説明を加えます。相手の手を取ったら、小手返の基本として自分の手を自分の膝につけます。右の膝でも左の膝でもどちらでもかまいません。相手の手を引っ張ったり相手の手をどうこうしようと考えるのではなく、自分の手を自分の膝につけるのです。

小手返の円の動きは、真っ平らな水平な円の動きではなく、螺旋形に下に下に、どこまでも下に向かってどんどん動いていきます。下に下に降りてゆくなかで小手を返します。両足、特に両膝を伸ばして、足を棒立ちにして腰高になっていてはいけません。合気道は地を這うように稽古するという言い方もあるぐらい、膝を深く柔らかく曲げて、両足を開き、腰をぐっと落として稽古します。

自分が棒立ちになったまま下に相手を崩しても高が知れています。物理的に自分がしっかりと膝を曲げて腰を低くした体勢からさらに下段にもっていかないと相手は崩れません。相手の帯より自分の帯の位置が低くなります。

基本の動きとして、自分の手を膝につけます。単なる言葉の綾のように感じるかもしれませんが、「相手の手を下げる」と思うのではなく、「自分の手」を自分の膝につけます。相手の手をどうこうしようと思えば、その瞬間に、以心伝心で同時に相手の心の内、つまり潜在意識にどうこうされまいと反発する心が生まれます。相手の手をどうこうするのではなく、自分の手を自分の膝につけます。

小手返は下段の技
自分の手をサッと自分の膝につけます。小手返に返す際に、手の位置が高いと相手の反対の手で反撃される危険性が高まります。相手の位置や勢いに応じて左膝もしくは右膝につける練習をします。

右膝につけた場合
小手返は下段の技、つまり低い位置で行う技です。相手の手をどうこうしようと考えると相手は即座にどうこうされまいという気を起こします。このため「自分の手を自分の膝につける」練習をします。間合いに応じて右膝か左膝のどちらにつけても構いません。

師範の説明する合気道の稽古の原則で「何何しようと思わず、何何する」わけです。道場で以心伝心で相手を察する「気の錬磨」という稽古があります。二人で一組になり、後ろの人が前の人に任意の方向を思念で送ります。前の人は考えるのではなく、この後ろの人の気をなんとなく感じて右、左というふうに方向を変えて歩いて行きます。二人で行うことにより、一人ではなかなか辿り着けない軽いトランス状態に入ることが可能です。こういった気の錬磨を積むと相手の心の動きに敏感になります。自分が相手を投げようと思った瞬間、相手の潜在意識の中に投げられまいとする心が生じるのを感じられるようになります。夏合宿や春合宿などで気の錬磨専用の時間がとれるときは二人で組み、色紙を使って相手に色のイメージを送る練習をすることもありました。そもそも相手の心に投げられまいという反発の念が生じるのは、実は自分が相手を投げようと思った結果からです。作用と反作用。宇宙の法則みたいなものです。

ちょっと逆説的な説明になってしまいましたが、私のつたない経験でいえば、相手に投げられまいという念が生じたことを感知できるようになって、やっとその次の段階で「何何しようと思わず、何何する」という師範の言葉の意味が少しわかった気になるのでした。

物理的に目に見える世界でしっかりと腰を落として動き、そして目に見えない世界でも相手と対峙しないように稽古します。大先生の道歌にある「誠をば 更に誠に練り上げて 顕幽一如《けんゆういちにょ》の 真諦《しんたい》を知れ」という道筋通りの稽古を心がけます。

上から切って入り身

　逆半身片手取りから始めます。初心者が稽古するときは受けにしっかり持たせた状態から開始してまず手順を覚えてゆきます。親指を上にして自分から腕を出し、受けを導いて手首を取らせます。そして上から手を入れて受けの手を切って、入り身して浅く前進します。大きすぎる前進では相手の背中側まで行き過ぎてしまいます。受けとの距離は相手の身長や手足の長さで調整してください。

　稽古では無駄な足を踏まず、ゆっくりメリハリをつけて動くのが原則です。

　片手取でつかませた腕を外すには、手首を回転させて相手の親指の抜けやすい方向に腕を回転させます。取りは親指を上にして握らせ、つかませた手を、手のひらを下にするように、つまり親指が内側にくるように九〇度以上手首を回転させます。そうすると相手が親指一本でつかんでいる所からスポッと抜け出すことができます。相手がきつく握っていても面白いようにスポッと外れます。このときに間違って親指を外側に向けるように反対方向に回転させた場合、相手の四本指がさらに自分の手首に巻きついてしまいますのでご注意ください。

　手を切るときに、相手に持たせた手は相手の持ってくる方向に合わせて自分の後ろ方向に突き出すようにします。そしてさらに小手で切るときは、自分の体を前進させるモーメントで切ります。上から切る手は自分の甲の部分で相手の手に接触を保ったまま切ってゆく感じです。

切るといっても相手の手との接触面はキープしたまま、相手との縁は切らないようにします。自分から導き手首を持たせます。手首を回転させる。その手を相手の進行方向に合わせて後ろに突き出す。体捌きで相手の外側の線に入り身して、切った受けの小手をピタッと取ります。そして小手返をします。

小手返を覚えるため、最初は相手にしっかり持たせたところから落ち着いて技の練習を開始します。初心者はゆっくりと手順を順番に確認して行います。手順も覚えて動きに慣れてきたら、これらの一連の動作をお互いに離れた位置からスルスルと近寄ってパッと一挙動でできるように稽古します。

その場合、取りは手を出して受けを導き、出てきた受けの手をつかませることなくすかして小手返に入ってゆきます。片手の出し方ですが、はっきりと手を出す練習をします。気力を出して相手に迫り、相手を導くように手を出します。初心者は勘違いしてしまうかもしれませんが、相手に手を持たせて技を練り上げる稽古方法なのです。なお、この小手返の手の取り方を覚えると、他の技の場合にも色々と使え、外回転投や天地投の変化技に応用が可能です。

片手取小手返の基本は上から切って入り身です。月窓寺道場での昇級審査にもよく出てきます。基本技ができるようになるまで何回も練習します。基本技ができれば変化技もできるようになります。上から切って入り身ができれば、下から切って入り身もやってみます。教わった技をもとに間合いや取り方など技のタイミングを変化させてゆくのです。基本技の手順を覚えてから技の原理原則に則って、どんどん変化技を発展させます。

入り身の次に逆半身片手取りから転換します。相手の視界から消えます。そして今度は手を下から取って先ほどとは反対側の小手返、つまりリバース小手返を行います。

転換は腰を低くして大きく行います。小手返は下段の技です。しっかりと低い姿勢になります。自分と相手の間に小さな球があるよう、小手を返す際は小さく円を描いて刀を振り下ろすようにパッと切ります。関節を捻って倒すのではありません。刀で斬るイメージです。力比べをして、力任せによいこらしょとばかりに関節を捻るのではない点に注意してください。合気道は剣の動きが基本の武道です。関節技といっても、鋭利でよく切れる日本刀でスパッと斬る動作が基本となっています。

投げた後は固めるか、投げっぱなしの二択です。投げっぱなしのときは下から相手に足をすくわれないように投げと同時に一瞬で相手と離れて距離をとります。つまり投げと同時に瞬間的にパッと相手から二、三歩離れます。相手の内側に入って遠心力で受けを放り出すときも投げっぱなしで、投げ固め技として行うときは、投げた後、そのまま流れを途切れさせずにうつ伏せにするまで一気に抑えます。

上から切って入り身
初心者は最初に手順をしっかり覚えます。取りは気力を持って受けに迫り、片手をはっきりと出して持たせます。逆半身片手取りから、受けの手を上から切って受けの側面に入り身します。受けの小手を上からつかんで小手返を行います。

下から切って入り身
基本の練習では逆半身片手取りで上から切っての入り身の練習をします。基本が上手くできるようになったら、習った技の応用で下から切って入り身に入ってみます。下から切る場合、手の角度が大幅に違うことも確かです。自分でどんどんトライしてみます。

二十九. 小手返　手捌《てさば》き

師範「ぴったり密着して親指が相手の無名指（薬指）のもとにくる。で、手のひらを自分の親指の上にやる。そして、（木剣を取り）ピーッと真っ直ぐ剣を、剣線を下へゆくように、パッと斬り下ろす。（小手返から抑え）パッてこう冴えが出るように。関節を捻って投げるんじゃない。

この、ここ（自分の中心線）を中心として（相手の背中まで）全体のつながりでスーってやる。ビューッて螺旋的な流れの動きを集中的にやる。それが重要。

小手返は下段の技です。高いところだと、あの、蹴ったり抑えたりやるようになる。それから小手返ですね。後ろに引かないで、この足をバーッて入れる。（前方に後ろ足から入る小手返）これは咄嗟の場合にやると非常に危険だ。突然にたとえばこういうところ（胸）を持ってきたらパッと持ってグッて。（小手返）やりやすいが怪我をしやすいからよく気をつけるように。（受けは）中へこうくるとこの肘を非常に怪我しやすい。

それから、この、こちらから取る場合。（下からリバース小手返）先程も申しましたが（上から）こう取った場合と（受けの手をひっくり返して下からリバース小手返で）こう取った場合。（上から取って）親指の付け根を持つ。（受けの手をひっくり返して）同じように親指の付け根を持つけど、こう持った場合。（リバース小手返）（片手取逆半身で片手を持たせる）パッてこう指先が上を向きます。基本的にね。そのときにこちらの手（反対の手）を一緒ヒューッと（肘から手首の方へ）、自分の手に当てる。スーッと（肘から手首の方へ）、相手の手を取るんじゃない。自分の手をスーッてこう。

ここに蚊がとまってたらこうやる（自分の頬をパンッと叩く）。それと同じように相手に、こう、感じているところをパッとこう当てるんです。（リバース小手返）触覚的にピュッと、目で見て取ろうとしたら難しい。スーってこういう風にですね、触覚でスーッとこうやって。（リバース小手返）

あとは同じ。（自分の）親指の上に自分の手を当てて、丸めながら刀でバッと下ろすように、ね、ブーン、ポイッとこう下ろしていく。（リバース小手返）

ただそれを目の前でやるんじゃなくて、脇でやるほうがいい。パッとこう入る。（転換）つまり、自分が相手から全く見えないところにいるんだ。ねっ、そのときにもうこうすればいい。（リバース小手返）そういう位置でやる方がいい。

それでどうしてもそういう風に見えない位置に入れないときは、（内側に回転するリバース小手返）相手を自分の遠心力の線上にあるようにやる。ビューと回していきます。」

片手取小手返に続き小手返、手捌きでも、ふつうに上から取る小手返の場合と、手をひっくり返して下から取るリバース小手返の二方法が紹介されています。

相手の右手を自分の左手で上から小手返を取るか、相手の右手をひっくり返して自分の右手で下からリバース小手返を取るかという話です。いずれにしても小手にピタッと密着する親指と小指の取り方が重要です。

武道ではよく手の内が大事などいいます。小手返は受けの手のどこを具体的に取るかが大切です。小指側から相手の小手を切るようにつかみます。相手の薬指と小指の間の谷間に、自分の親指がピタッと吸いつくと小手返の握り方が安定します。ちなみに師範の言葉の中で使われている無名指とは漢語で薬指のことです。手首の甲側表面を実際に触ってみて指の付け根に出っ張った骨があることがわかります。相手の甲側の骨と骨の谷間にピタッと親指がかかると小手返の握りが安定します。

汗で滑りやすいときはなおさらです。上から取るにせよ下から取るにせよ、どちらの場合も小さく円を描いて刀で真下に斬り下ろす動作原理は同じであるとしています。

相手の拳と自分の手のひらの間に隙間がないようにピタッと密着します。大先生が相手の手首を握るとピタッと密着したそうです。そのとき、手と手の間に藁のストローを入れて引っ張っても抜けないという話を師範はされています。

小手返の小手の取り方が上手くできたら、次にもう一方の手で自分の親指の上から手のひらを添えて四本の指が相手の四本の指にかかるように握ります。剣で斬る動きなので手のひらは下に向きます。

折角ですから自分の力が一〇〇％相手に伝わるように研究します。相手の指の一、二本ぐらいに自分の力を伝えるだけでは力がどこかに逃げて減衰してしまいます。どうすれば物理的に自分の力が最も効率よく相手に伝わるか、こういったことは実は余り詳しく道場では教えてくれません。大体の手順は示してくれるのですが、上手な先輩の動きを見て盗むぐらいの気概がないと細かな動作を覚えそこなってしまいます。後で述べますが手の内の正確さは技の冴えに直結します。

両手で上手に小手返しの握りができたら、小さく丸い動きで刀で斬るように真下に落とします。螺旋の動きが加わることもあります。刀で斬り下ろすのであって、相手の関節をことさらに捻って投げるのではありません。

ここでは小手の手捌きの細かな部分を説明していますが、それと同時に受けと取りの全体の動きが重要です。自分の体の芯棒を中心に相手の体全部を包み込むようにして、全体の流れが螺旋に動いてゆくことが大切です。

小手返には、こば返しといったり昔から色々な種類があると師範は説明します。たとえば古流柔術の技にあるように相手の手首に指をかけて、エイッと手首のところを折り曲げて相手を倒すやり方。つまり関節をビシッと折り曲げるやり方です。それから師範が説明しているように、刀で斬り下ろすように小手返を行うやり方。合気道は見えない透明な剣で斬り下ろすように、小さな円を描いて小手返を行います。古武道のビデオを見て小手の取り方を色々研究しましたが、流派によって色々な指の掛け方があります。たとえば両手の親指を十文字形に組んで相手の手を包むなど様々なつかみ方があります。

自分の手のひらのサイズで（もしくは相手の手が非常に大きい場合）どうしても指が基本の位置に届かないこともあるかと思いますが、なるべく頑張って基本の持ち方を練習してみてください。

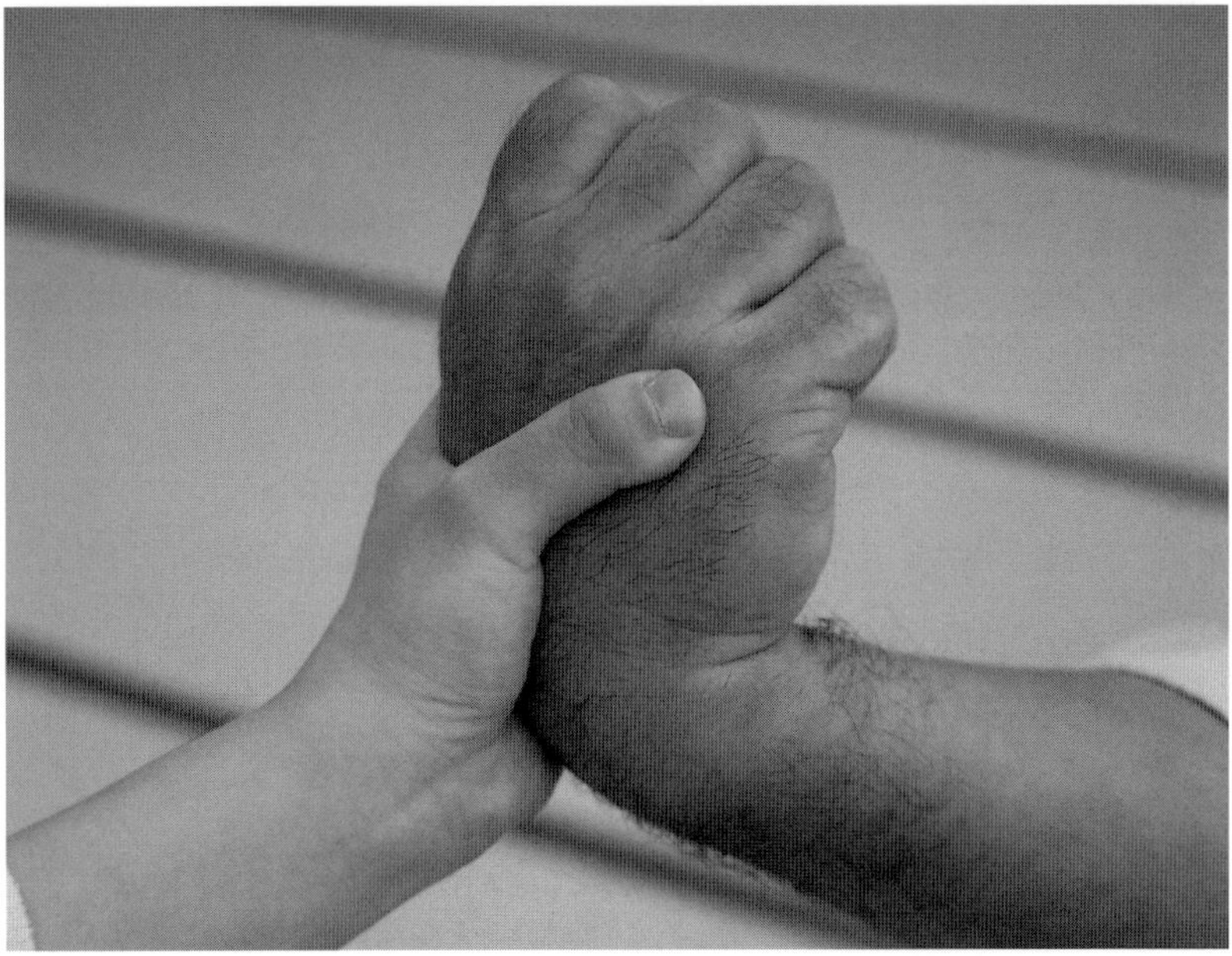

小手返の握り方
取りの親指の先が受けの拳の小指と無名指（薬指）の付け根の骨と骨の窪みに掛かると、手が滑りにくくなります。親指が受けの人差し指の方を握るとあまり力が伝わりません。海外に行くと大きな拳をした人がいたりしますが、基本に忠実な握りを心がけます。

小手の返し方
受けの四本指の指先の方向に自分の四本指がしっかりと掛かり、自分の力が100%相手に伝わるように握ります。力が空回りしていないか注意します。手首が曲がる方向に曲げて丁寧に真下に刀で斬るように投げます。従って手のひらは下を向きます。

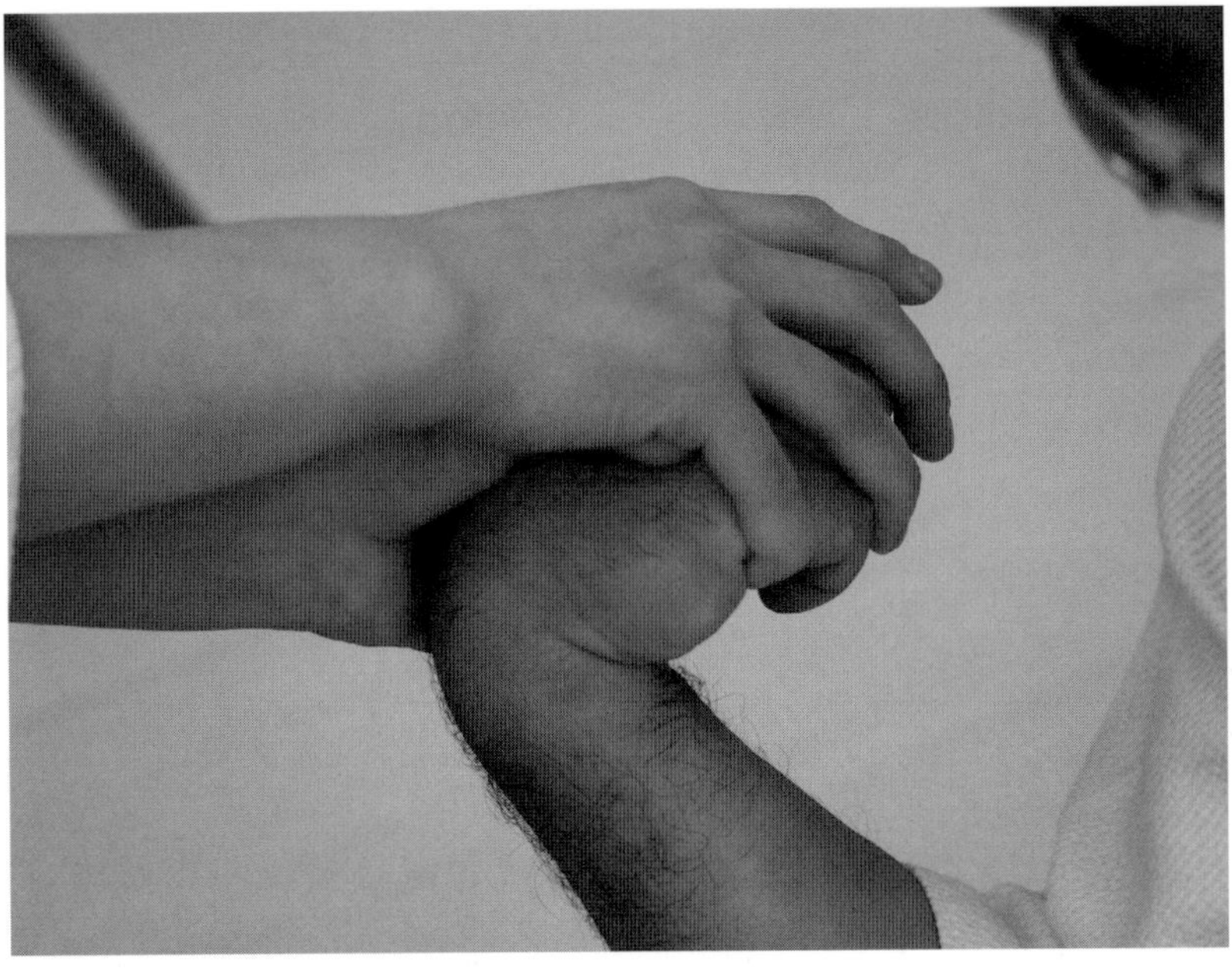

小手の返し方
自分の左手親指の上に自分の右手のひらをのせて、相手の拳を包み込むように小手返を行います。先輩方と稽古してお互いに百本稽古をやるとよくわかりますが、正確な小手返の手捌きを行わない限り先輩方は全く倒れてくれないのでした。

リバース小手返

逆半身片手取りから、取りは受けに持たせている左手の指先を真上に伸ばします。受けが螺旋形に崩れます。右手のひらを左肘から指先方向に向けてスーッと擦り上げてゆきます。すると受けの小手が自分の手の中に自動的に入ってきます。

リバース小手返

取りは右手で下から受けの小手をつかんだその瞬間に左手を真上に抜きます。受け側は自分が握っている手に何かが触れたという信号を感じて一瞬気を取られますので、取りは間髪を入れずにスルッと上方に手を抜くのです。

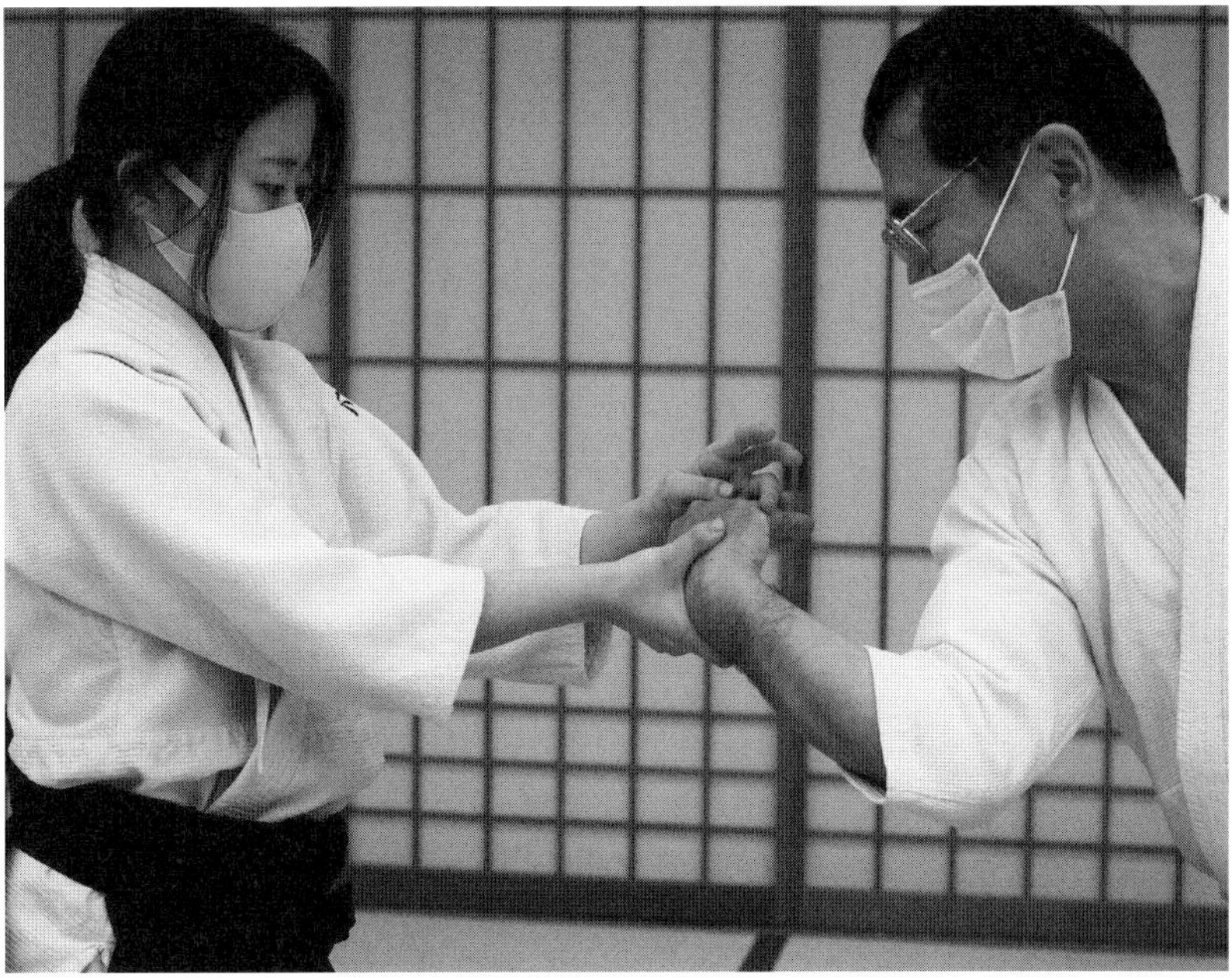

リバース小手返

上に抜いた左手のひらを自分の右手親指の上に当て、丸めながら刀で斬り下ろすように投げます。上から取る小手返とは微妙に手首の角度が異なりますので最初は軽い痛みを伴う場合があります。受けが慣れるまでは少しゆっくりと技をかけます。

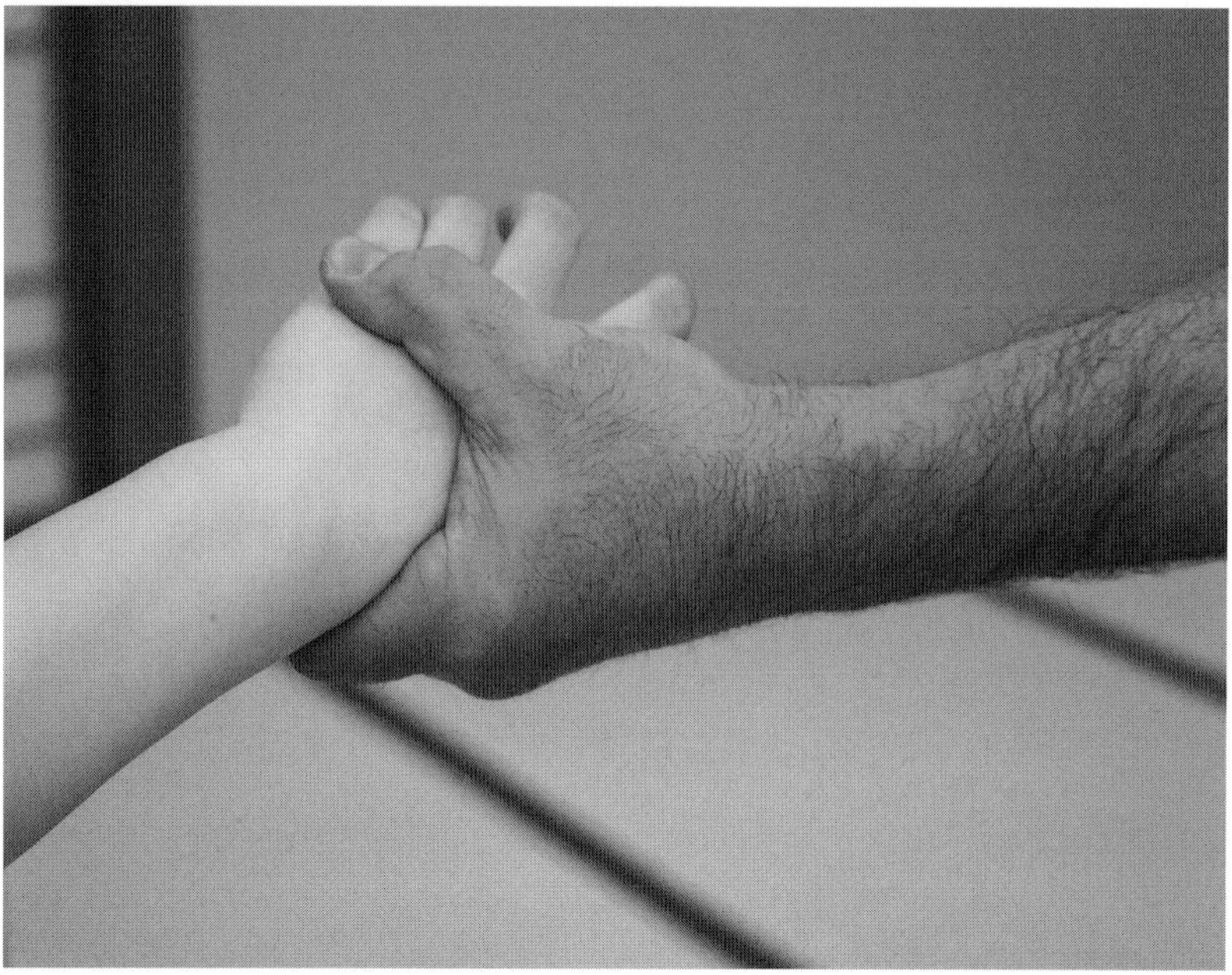

リバース小手返の握り方
受けの手の甲側で薬指付け根と小指付け根の間に窪みがあり、取りの親指の腹がかかります。薬指付け根の骨の突起がストッパーとなってピタッと取ることができます。上手に取れば汗で滑ることもありません。残った四本指は受けの親指の付け根を握ります。

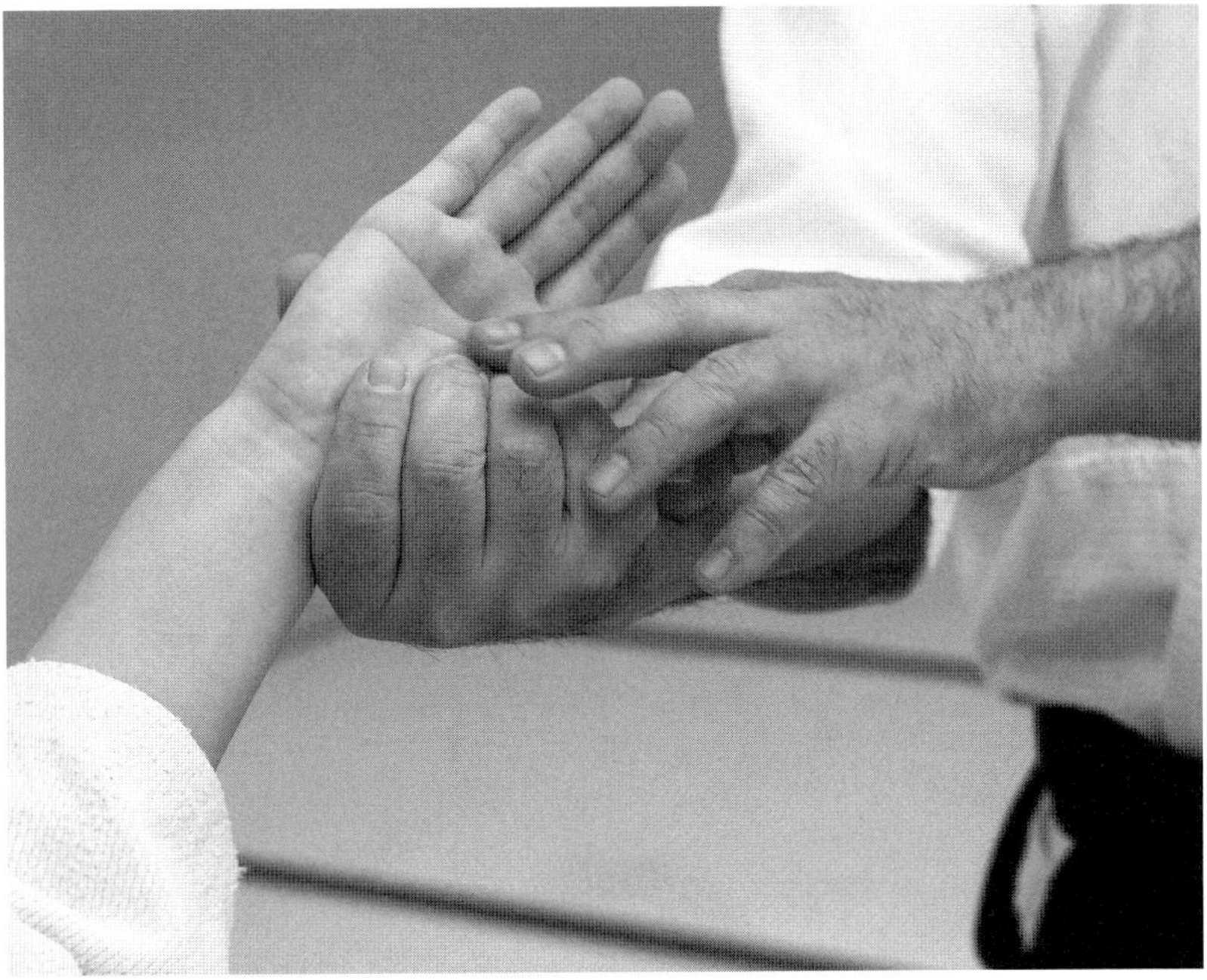

リバース小手返の握り方
受けの手のひら側から見た写真です。取りは四本指で受けの親指の付け根を持ちます。
正確な手捌きを覚えるには最初が肝心です。見てわかったつもりになるのと、自分で納得して体得するのは違うことです。道場で実際に稽古相手と組んで握り方を体得します。

海外に出ると野球のグローブみたいに大きな手の人に出会います。必ずしも物理的に親指が相手の薬指に掛けられないケースもあるかもしれません。それでも諦めずに研鑽を重ねて手の内を工夫します。最初から横着して人差し指と中指の骨と骨の間に、自分の親指を置いてしまったのでは技の威力が半減します。特に非力な人が合気道を行う場合、薬指の付け根まで親指を掛ける努力を続けてみてください。小手返は、体全体の動きを両手を通して小手に集中して技を行いますが、小手の握りのポイントがずれて、つまり技が甘いと技の利きが弱くなるばかりか相手が頑張った場合、小手返を決めても全く崩れないという事態になる可能性があります。

小手返の取り方に関して、数多くの練習をします。道場の稽古時間内に二人で組んだ練習だけでは数が足りません。特にリバース小手返の手首の取り方を習得するにはかなりの回数が必要です。

たとえば、月窓寺道場の練習で師範は一技十五分ぐらいやると技の質が向上するといい、同じ技を時間かけて練習しています。参加人数が多いと四、五人でグループになり掛かり稽古が多くなります。すると道場の稽古時間だけ単純に数えてみて小手を返す練習回数はせいぜい多くて数十回といった回数です。「プロは一技十万回、一般の人は一技一万回ぐらい練習すると上手くなるよ」と師範は説明します。ちょっと考えればわかることですが、道場の稽古時間内だけではどうしても回数が足りないのです。

学生のときはこの数の理屈に気づきませんでした。日々のハードな稽古についてゆくだけでも大変だったので、稽古時間だけ一生懸命やっていればそれでいいと勘違いしていたのです。どうしたら一万回稽古できるのでしょうか。それは自宅で一人稽古をすることです。一人稽古の道具に「練り棒」があります。

自宅で練り棒を使って、ヒョイッと小手を取るところと、下段に落として膝につけるところ、パッと手を返すところなどの細かなシーンを数百回単位で練習します。どうすれば上手くいくか練り棒相手に冷静に考えます。自分自身が納得いくまで稽古できるのが良いです。そして自宅で練り棒を使って練習を積むと、道場にきて相手と組んで小手返を行うときに技の冴えが格段に向上します。小手返に取る手もピタッと取れるようになります。たとえば利き手と反対の手が上手くいかない場合、上手くいかない方の手の回数を倍行います。練り棒で一日百回だけ小手返の練習を行なったとしても、一ヶ月で三千回になり、三ヶ月ちょっとで一万回になると師範は説明します。

合気道の技は、刀で斬るように遠心力を使い投げ技を行うので、練り棒の練習でも刀で斬るように練習していくと技の切れ味が増します。練り棒は長さがそれほど長くないので、部屋の中で天井にぶつける心配や蛍光灯を壊してしまう心配もあまりありません。

どんどん稽古して動きに乗っていくと遠心力の面白さで、どんな技でも一技一技、鋭利な日本刀で斬ったように鋭くなってゆくのが合気道の大きな特徴です。学生時代は早稲田の旧体育館の道場で見えない刀をお互いに全力で振り合うような稽古を行っていました。

練り棒を膝につける
「一人稽古が重要。音楽教室でバイオリンやピアノを習っていて、先生が教えたことを家で練習しないで次回先生のところに行ったら怒られちゃうよ」と師範。目線を遠くにつけて練り棒を使って、自分の膝につけるところを何回も一人で練習します。

練り棒を下段で返す
下段で練り棒を返します。低い位置で丁寧に手の返しを練習します。「十万回などすぐできる」と師範は事も無げに語ります。一般の稽古生なら一万回、プロなら十万回が目安で、時間のない人も家で一分間でも時間を作って稽古した方がいいのだそうです。

コラム――学生時代の粘り合いの稽古

本書シリーズ第一巻〈四方投編〉で説明した四方投の握り方もそうですが、小手返の握り方も重要です。

手捌きについて念入りに説明するにはわけがあります。昔、学生稽古では、相手の技が甘ければ別に倒れなくてもよく、否、相手の技がものすごく効いたとしてもわざと我慢して倒れないことがしばしばありました。汗まみれで百本稽古を行うとよくわかります。一番最初のコンタクト部分である小手返の握りが甘いと悲しいほど相手は倒れてくれないのです。

昭和時代の学生稽古ではお互いに無闇に粘り合って我慢比べしていたわけです。百本稽古ではまず最初に先輩が百本投げます。後輩はその間百本受け身を取るので、自分の番になって百本投げるときには結構へとへとになっています。技の回数をカウントして「……九十八、九十九、百」と受け身を取りながら大声を出すのも後輩の役目です。そしてお互いにもう汗まみれですから小手返がスッポ抜けたり、空回りすることもあります。しかしそれではいつまでたっても百本終わらないのです。九十本を超えたあたりからだんだん先輩がわざと倒れてくれなくなるのでした。そのうちほかの人たちは全員終了して正座していたりします。気恥ずかしいので、最後の組にはなりたくないものです。

関節に抵抗力もついてくるとある程度の技なら耐えられる。投げられまいとしてふんばる先輩をなんとか根性で投げ飛ばそうとする。お互いガンガン稽古すれば腕は太く強くなります。昭和四十年代に流行った『巨人の星』（講談社『週刊少年マガジン』梶原一騎原作）、『柔道一直線』（少年画報社『週刊少年キング』梶原一騎原作）、『サインはV！』（講談社『週刊少女フレンド』神保史郎原作）などのスポーツ根性ドラマのようです。若者の特権です。

しかし、粘り合いの稽古に明け暮れると合気道の心の状態で考えて少し変な方向に進むことになってゆきます。脇道にそれるというか、寄り道するとか、進化の枝から変に分かれて自滅してゆく種族のような滅びの方向というか。粘り合って頑張り合う稽古には奇妙な面白さもあるので、そこがちょっと怖いところです。今から考えるとそういった粘り合いは対立の極地であり、無対峙の世界とは真逆で、どこかで止めないといけないことに気づくのですが、当時は粘る相手をいかに投げるかのみを稽古で真剣に考えていました。

小手返を掛けられて倒れまいとする相手を倒すには力任せにやってもだめです。倒れまいとする相手を無理矢理倒そうと思うこと自体が自分の力を弱めてしまうのです。相手の手とごちゃごちゃ格闘してはいけないのです。相手とぶつからないように稽古します。本当であれば百出せる力が、何が何でも投げてやろうなどと不必要な雑念を自分の心の中に起こすと五十ぐらいしか自分の力が出なくなる。そういう雑念を払っていつも宇宙と同化して百の力が出せるようにすることが大切です。

とはいってもとりあえずどうするか。目の前の先輩をともかく投げないといけません。粘り合いの中での初心者向けの稽古の方便ですが、何にも考えずに圧倒的にものすごい勢いで転換して大きく腕を振って技をかける。相手はこらえきれずに吹っ飛んでゆきます。このように圧倒的なパワーを発揮するには、実は基本に忠実な小手の握り方（親指と小指の位置）が一番の出発点になるのです。

ところで師範の説明では、小手返の技は相手が力を入れれば入れるほど良いということです。昔の武芸者は、「それぐらいしか力が出ないのか」などと、わざと相手を挑発して怒らせ、ムッとした相手に思いっきり力強く持たせてから投げるというエピソードを残しています。

拳を固めた受けの投げ方

受けに一度、手のひらを上にしてもらってから拳を強く握ってもらいます。手首までガチガチに力を入れてびくとも動かされまいとして構えてもらいます。取りは優しく両手で受けの拳を持ち、受けがきつく握りこんでいる指の方向に沿い、取りは自分の指を巻きつけてさらにもっと握り込むように小さな円を描いて小手返をかけます。相手は耐え切れず膝を崩して倒れ込みます。

早慶合同稽古で知り合った慶応義塾大学合気道部の学生は、受けの握った指の爪の白い部分をさらに自分の指先で押し込むぐらいにギュッと巻き込んでやると良く効くと教えてくれました。

実際に正確な小手返をかけられると小手先で耐えることは難しくなってゆきます。お互いに上達してくると、今度は粘る気持ちがおきないぐらいスムーズに流れるように稽古できるようになります。透明な気持ちで行う稽古。気の流れです。どうして投げられたかわからないくらいに気持ちよく流れるような動きが大切となります。

学生のときはともかく粘りあってガチャガチャ稽古をするのが好きな自分でした。それが真剣な稽古だと思い込んでいました。ちょっと偏った考えで、今から考えると勘違いしていたわけです。何でもかんでもがむしゃらに相手にしがみついてやればいいというものでもありません。ピアノを上手に奏でるには鍵盤にしがみついてもいい音が出るわけがありません。卒業してから大分時間がたって、自分のスポーツ根性ドラマ的な考え方は人生のどこかで何か間違っていたのかもしれないとふと思うことがありました。やがて、傾注と集中の違い。明鏡止水《めいきょうしすい》、無念無相《むねんむそう》、剣禅一如《けんぜんいちにょ》、顕幽一如《けんゆういちにょ》といった先人の言葉に想いを馳せるようになったのでした。

コラム——塩田剛三《しおだごんぞう》先生が柔道家を小手返で投げた話

塩田剛三先生（養神館合気道）が襟をつかみにくる柔道家を小手返に取り、そのまま前に突っ込んで投げたエピソードを師範から何度か聞きました。襟をつかみにくるところをサッと小手返に取ってすかさず相手に押し込むように投げる。そしてさらに立て続けて四方投に投げたところ相手は真っ青になっていた。これを見ていた柔道の監督がびっくりして椅子から飛び上がったそうです。

襟や胸をつかみにくる手をつかませずに小手返に取って瞬間的に押し込んで投げる。これが一番効くのだそうです。柔道家同士の試合であれば手首関節技は禁じ手です。厳しい角度での投げとなりますので相手の肘にダメージを与えないように注意が必要です。

サッカー選手の動きの冴え

ある日の本部道場での師範の講習会（黒帯研修会）で、師範がイタリア人サッカー選手の動きには冴えがあるという話をしました。サッカー選手の話から合気道の技の冴えが重要という話をしました。師範はサッカーの試合を見るのが好きで、上手い選手の動きには目の覚めるような冴えというものがあり、反対に上手くない選手の動きは固くてガクガクしていて全く冴えがない。冴えのことを動きの艶ともいいます。

合気道にも同じことがいえ、上手い人の技には一流の冴えというものがある。いかにしてこの冴えを出すか、ということでその日の稽古は進んでいきました。

小手返は目で手の動きを見て小手を取って技をかけるのではなく、触覚で投げます。触覚で投げる理合をマスターすると技の冴えが出ます。技には冴えが必要です。刀で斬るようにパッと切り下げる。小手返という技で冴えを出します。

いかに冴えを出すかという話で、半身半立後両手取呼吸投を稽古したこともありました。半身半立で前から受けが取りにくる。前からくる相手をくるっと半回転して後ろ取りの体勢になり前方へ一挙動で両手で投げ放つ。朝、稲穂についた水滴がポトーンと落ちる。またはは弓の話で、引き絞った弓から矢が弦を放れる瞬間の冴えが大事という話もありました。技の冴えを呼吸ともいいます。

小手返の技の冴えを出すには、カミソリで薄紙を切るように、刀でパッと斬るということが示されています。木刀の素振りで横面打小手返の練習をします。ダイナミックな体捌きと小手返の手捌きの両方が自宅で鍛えられる便利な方法です。一人稽古なので受け身を取ってくれる相手も必要としません。

木刀を振りかぶり横面を捌いて木刀を大きく斬り下ろす。ここまでが横面打ちの捌きで、そこからすぐに木刀で小さな円を描くように真下を切る。二回目の切るところが小手返の動作です。小さな円を描いて真下に切り下ろす動作を鋭くします。一人稽古で何度も繰り返し練習します。技の切れ味が鋭くなるのです。この横面打小手返のやり方は岩手県奥州市での菅原美喜子先生の道場開き講習会で師範が見せてくれたことがあります。

どの技でもそうですが、初心者は最初に技の手順を丁寧に覚えます。そうしたら次にどんどん稽古に乗っていきます。技の冴えが出るようにどんどん練習します。合気道の打ち込み稽古の楽しさを心から実感するようになります。

その先はどうなるのでしょうか？　師範の説明によれば、さらにどんどん練習するともう肉体ではこれ以上進めないのではというところまで到達します。ある程度は上達するのですが、そこから先に進めない。どこまでも広い練習平原に捕まった状態です。しかも練習平原は何層にも重なっているそうです。でもご安心ください。その先に「気の錬磨」の世界があって肉体的限界の練習平原を突破して行くことが可能だと師範は説明します。

コラム——リバース小手返し

卒業して十五年後、アメリカに本社を置くシリコンバレーの米系ＰＣ周辺機器企業Adaptec社に勤めていたときのことです。前述したように、アメリカ出張を利用してカリフォルニアにあるサンノゼの潮平秀樹先生の道場へ稽古に行きました。世界は広いものだと思いました。色々な道場生がいるなかで体重が百キロ以上あるアメリカ人と稽古しました。相手は土地柄からコンピュータエンジニアかなにかとてもインテリに見えましたが、体重がすごい。私が小手返で投げるととても素直に転がってくれるのですが、何しろ体重百キロ級の巨体がゴロンと転がる。すると、ものすごい体重に引きずられて、投げたこちら側がよろける始末です。動物にたとえるのも相手に失礼な話ですが、巨大なアザラシのヒレを持っていて、アザラシがゴロンと寝返りを打ったらおっとっとと引き倒されてしまう。もし投げた方が転んではとても格好悪い。サンノゼの道場で冷や汗をかきました。稽古の後は潮平先生と街に出て中華料理をいただき、お腹いっぱいご馳走になりました。

潮平先生の道場ではふつうの小手返の名称は「小手返」、反対側から手を取る小手返は「リバース小手返」という技の名称で呼んでいました。わかりやすいネーミングだと思いました。それ以来私の心の中ではリバース小手返というのが技の名前になりました。これは別に師範の言葉の約束事にはない用語なのですが、この本の中では潮平先輩から教わったリバース小手返という用語を使用していることを改めてお断りしておきます。

話は少しかわりますが、力を抜くという方法があります。自分は力一杯稽古したかったので常に不必要に力む癖がありました。相手に持たせる腕は特にかちんこちんでした。この癖を修正したかったので、思い余って手首から先の力を抜くということにこだわっていた時期がありました。これもサンノゼの道場にお邪魔したときのことです。大きなアメリカ人相手に力んでもしょうがないので、手先の力をぬいて稽古をしていたところ、潮平先生から、「それは死んだ人の手（Deadman's hand）だ」と注意していただきました。自分自身は色々もがきながらやっていたのですが、死人の手とはあきらかにダメ出しです。この一言で迷いが吹っ切れました。

似たような注意を師範から聞いたことがあります。師範はあまり何に対してもどうこう説明されないのが常でしたが、あるとき「演武で手先の力を抜いて、力が抜けていると表現したい人がいる」とおっしゃりました。これもあきらかにダメ出しのコメントです。

練習中は指先まで一本一本ピンと気を通して、真っ直ぐに尖った日本刀の切っ先のように鋭敏にすることが大事です。「切っ先がぐにゃぐにゃ曲がっているような日本刀ではダメだ」「昔の柔術家にかかったら指ぐらいすぐ折られちゃうから用心するように」とのこと。そういえば、師範が早稲田大学空手部に在籍していた時代に、船越義珍《ふなこしぎちん》先生が「人差し指から小指までの四本指を伸ばし、自分の親指をちょっと曲げて手のひらにつける。そうすると相手が指取りにきても大丈夫な手になる」と教えてくれたそうです。

ＤＶＤ教本ではリバースで小手返を取る方法が詳しく説明されています。自分一人で行う準備体操で小手返運動がありますが、自分の右手と左手を自分自身でパッとつかむ。相手と組んで行う小手返でも要領は同じで、自分の右腕伝いに左手を肘から手のひらで擦りながら右手の手首の方に動かしてゆくと自然と相手の手に小手返がかかります。自分の両腕を丸く動かして相手を螺旋形に崩します。リバース小手返は下から取りますので、取りの手は基本的に指先が上を向きます。

片手取でも初心者が手順を覚えようとする際に、いきなり相手の手首をつかもうとすると難しいものがあります。両手の手のひらを上にして振りかぶりながら、片手の手のひらでもう一方の自分の腕を肘からスーッと擦り上げてみる。すると遅かれ早かれ相手の手首に触れますので、小手返運動の手のひらの向きでスーッと小手返ができるように一人で稽古してみます。

通常の稽古では下から取って投げる小手返を本書ではリバース小手返として説明していますが、リバース小手返は通常の上から取る小手返よりも手首の角度が微妙に捻れるため、受けが初心者だと怖がってしまい手首に若干の痛みが走るときがあります。気の錬磨というほどのことでもないのですが、相手の怖がる気持ちが自分の手を伝って感じられます。そこで手順を覚える稽古のときは、投げるときに少しゆっくりした呼吸で投げます。すると初心者でも安心して受け身ができるわけです。

このようなゆっくり投げる話は大学を卒業して大分経ってから気づいたことです。学生時代は受けの手が痛いとかどうのこうのということは全く考えませんでした。

しかし今でも練習に乗ってくると瞬間的な投げを行なっています。うまく技が極まれば実はさほど痛くないのです。両手の同調動作と皮膚感覚で取るという教えがありますのでどんどん乗って練習します。技の冴えを出してゆきます。

両手の同調動作の実験

小手返で受けの手を取る際に、右手と左手を一緒に動かします。このとき両手の同調動作がとても大切です。体全体の動作に加えて、両手を一緒に動かす訓練をします。片手だけ動かすときに比べて両手の同調で技の切れが格段に向上します。

一　右手もしくは左手と片手をばらばらに動かしてリバース小手返を行います。

二　両手を同時に同調させて、両手を一緒に丸く動かしてリバース小手返を行います。

両手の同調動作
両手を一緒に動かします。指先を上に向けている右手と、下から左肘伝いに手首まで擦り上げてゆく左手を体全体で同調させて同時に動かします。右手と左手を同調させて動かすと体全体を丸くスムーズに連携させて動かすことができます。

片手、片手とがばらばらに動くより、両手を同調させて技を行った方が上手くいきます。この両手を同調させて動くという話は、剣の動作で両手を一緒に振りかぶったり、両手を輪にして丸く動作したりと色々な局面で出てくる話です。

皮膚感覚

小手返は相手の手を目視して確認するのではなく、むしろ見ないで皮膚の触覚で取ります。その方がいちいち目で見てから行うより格段に早く動作を行うことができます。熱い鍋に誤って触れたときに「熱ッ」といってパッと手を引く。このとき、熱いといって手を見てからどっこいしょと手をひっこめる人はいないでしょう。火傷をしてしまいます。

大昔から人間には皮膚感覚で素早く動作を行う能力が備わっているのです。皮膚感覚、触覚による技をかけることでそれこそ桁違いの速さが実現可能です。こういったことも師範に教わらないと凡人の私には全くわからないのですから、有難い話です。この触覚で投げる話を理解したときは、投げ技のスピードが一桁早くなった感じがして自分でもびっくりしました。

触覚、つまり皮膚感覚で投げるという話と、両手を同調させて丸く動かす話は、リバース小手返の技を行うときに特に有効な教えです。瞬間的な投げを可能にします。

一　小手返の技をわざと目視で確認して投げます。

小手を取っている手をわざと注視して、頭で視覚情報を理解して技を掛けます。目で見て投げるので頭の中である種の安心感はあるかもしれません。しかしながら見て考えている分だけ技はぎこちなく遅くなっています。

二　小手返の技を皮膚感覚のみで行います。

小手の取り方などを目で見ることなく皮膚感覚にまかせて瞬間的に技を行います。目をつぶって投げてみるのも簡単でわかりやすい方法です。受けが桁違いに早くスパッと飛んでゆきます。

二番のようにすることで、脳の視野情報から脳が動作を理解し判断して手足に動作を命令して技を行うという一連の情報処理の流れを一気にショートカットすることが可能です。私もよくわかりませんが、大昔の人類のご先祖様が樹上で暮らしていたとき、木の枝をつかんで枝から枝へ飛び移る際に、いちいち目で枝を見て頭で判断して動いていたわけではないと思われます。私見ですが、特に手にそのような原始時代の機能がまだ残されていて、一連の動作が無意識にできるように生まれながらにマクロなプログラミングがされているのだと考えます。脳でいちいち考えずに手が投げてくれるのですから皮膚感覚で投げると投げのスピードが多分〇・五秒ぐらい短縮されるのではないでしょうか。

「合気道の技は自動的に相手の手が自分の手の中に入ってくるようになる」と師範は説

明します。自分の目の前に手を出して手刀を立てます。手刀の先に見えない刀が立っていると想像します。反対の手で手首をつかみます。見えない刀の先に力が集中するように持ちます。握っている手のひらをそっと離します。手のひらに丸い窪みができます。この手が合気道の手形です。必要なときに指を絞めるだけです。

回転半径を広げる

目線は、手元でなく少し遠くを見ながら小手返を行います。

合気道の技を練習するとき、どこを見るか。師範の稽古ではそれぞれの技ごとに目線をどこにつけるか詳しい説明をしてくださいます。たとえば四方投表であれば自分の足の親指を見ると教わります。四方投表は頭を水平ぐらいに低くして表に入ってゆくのですが、足の指先を見れば自動的に自分の頭は低く下を向いてちょうどいい姿勢がとれるわけです。目線によって自分の稽古の場をつくっていきます。

一　小手返で自分の手元を見てしまう。すると転換をするにしても半径がグッと狭くなります。

二　小手返で少し遠くを見ます。少し離れた道場の壁を見て転換してみてください。

小手返で手元を見ると距離が詰まり、それだけ技の感触も狭くなります。すると回転半径も小さくなり、遠心力も生まれにくくなります。道場の広さにもよりますが、狭い道場であれば壁を見る。あるいは壁を通り越して、その先を見る。広い道場であれば床と壁の境目ぐらいに目線を置いてダイナミックに動きます。回転半径が大きければ大きいほど遠心力も大きく働くわけです。

転換を安定させる

一　何も目線のことは考えないで転換する。転換後の体の安定感を確認します。

二　前の壁の一点を見つめ転換し後ろの壁の一点を見る。（途中の景色は一切見ません）

三　目線を流して転換を行う。（パノラマ写真を見るイメージです）

三番目の実験は誰か助手に助けてもらった方がわかりやすいので、富士山の写真を大きな紙に印刷して助手に持たせます。助手に富士山の写真を持ったまま自分の周りを半円を描いて走ってもらいます。自分は移動する富士山の絵を目視し続けながら悠々と転換を行います。目線で自分の動作を安定させることができます。

一、二、三と自分でやってみて自分の安定感を実感します。一番目のただ単に転換を行うより、壁の一点を利用したり、畳の一点を見つめたりすると体の安定感が増し、投げの際の自分の軸がぶれなくなり大きな力を発揮することができます。また目線を流していく稽古でも、富士山の絵を利用した転換の実験の方が自分の動作に安定感があるのではないでしょうか。畳の一点を見つめて、そこに人差し指を向ける実験も行います。

学生時代は専ら瞬間的な転換だけを練習しました。社会人になってから悠々と転換をする方法もあることに気づきました。ビューンと腰を落として大きくゆっくりと後ろ足をコンパスのようにスライドさせながら転換をします。こういった際は目線をサーっと流してゆきます。道場の壁など、途中の景色が電車の窓から流れる景色のように映ります。

師範の技の説明に「どこを見るか」という話がたびたび出てきます。自分の視線を利用して体を安定させる方法です。体の軸がピシッと安定するのを実感できます。

船が停泊するときに錨を下ろす。技でいえば、畳の一点を見つめる。つまり目線を利用して自分の目から畳に錨を下ろして結ぶのです。立ち技呼吸投で実験してみてください。目線で錨を下ろすと自分のふらつきがなくなり、体勢が安定します。安定した体勢から繰り出される投げ技はより鋭くなります。

これの応用で遠くにある富士山を心の中で想定して技を行うこともできます。「遠山の目付」です。座技呼吸法で一般的には受けの道着の合わせ目を見ると教わりますが、相手の後ろに大きな富士山がどっしりとそびえていると心の中で想定します。昭和時代の銭湯（お風呂屋さん）には壁によく大きな富士山の絵が描かれていました。大きな富士山を見るイメージです。座技呼吸法で目の前の相手をどっこいしょと両手で押すのではありません。相手を押すのではなく通り抜けるのです。自分の心に富士山を描き、遠くにある雄大な富士山に向けて自分の両手を伸ばします。相手の背中を通り越してその向こうまで通り抜けるように手を伸ばします。

富士山を見ることで自分の座る体勢も山のようにどっかりと安定します。相手を押すという相対的な力の使い方から、通り抜けるという絶対的な力の使い方になります。これも一種の気の錬磨です。目線を稽古の方便として活用するのです。目線の話は本当に色々な技で出てくる話です。

普段は道場の中で稽古しますが、日頃から道場の壁を通り抜けて太平洋まで気が届くようにですとか、道場の天井を突き抜けて自分の気が青空に届くようになど雄大なイメージを持って稽古を行います。呼吸法に伸びが出るようになります。

幕末の剣の達人として知られる山岡鉄舟が詠んだ、こんな歌があります。

「晴れてよし　曇りてもよし　富士の山　もとの姿は　変わらざりけり」

世界中どこにいっても大きな山や海は有難いものです。山や海、大空は宇宙と一体となる武道の教えの導きになります。

視線の先から消える

視線の色々な使い方の方便を学んで、今度は相手の視線から消える稽古です。転換してパッと相手の視界から消え去ります。転換は一瞬で行うように練習します。上手くいくと受けは目の前にいた取りの姿を見失って狼狽します。もし格闘技の試合で組み合っている最中に相手が魔法のようにパッと消えたりしたらさぞびっくりするでしょう。たとえば四方投表でも取りが受けの腕の下にパッと潜り込むと受けの視線は受け自身の腕に遮られて一瞬取りを見失います。四方投裏であれば取りの体全体がパッと受けの前から消えるのです。受けは相手が消えてびっくりした次の瞬間には畳に投げ飛ばされているのです。

取りは受けが自分の脇にいる時点で小手返を掛けます。すると受けが地面に崩れて転がる際に、取りの正面にきてピタッと自然にうつ伏せに抑えられます。

素早く転換して相手の視線の先から消えます。
受けが自分の脇にいる時点で小手返をかけます。小手返は受けが脇にいる位置で開始して、足元にうつ伏せになるまでその位置取りが大切です。

間合いを広げる

間合いをどんどん広くしてゆきます。お地蔵様のようにボーッと相手が来るのを待っていてはいけません。あらかじめ自分の周囲に見えない丸い円錐形の自分専用の道場をつくります。これを結界ともいいます（本書シリーズ第一巻〈四方投編〉参照）。自分から気力を持って迫り相手を導く。相手が自分の空間に入ってきて自分の手を持たせる瞬間には相手の剣線を外して、すでに八割方、技が決まっている体勢にします。足は止めずにスルスルと前に出ます。

大学生同士の稽古では、練習時の二人の距離が近くなりすぎる傾向があります。一人が投げる。受け身を取った側が間髪入れずにすぐに立ち上がる。そして攻撃する。取りはまたすぐ投げる。受けがすぐ立ち上がる。この繰り返しでお互いが接近し稽古がどんどんヒートアップするのです。しかし、ともすると目の前の相手に夢中になり、お互いの適切な距離を取るということを見失ってしまいます。

小手返の練習は間合いを広く取った方がいいのです。練習ではゆっくりでいいので大きく動きます。こちょこちょこせかせか小さく動くものではありません。そこは工夫して毎回しっかりと自分の空間を取り、相手と十分に広い間合いを取った稽古をします。

お互いの距離が近いと思ったら、このときわざと一度思いっきり間合いを取って稽古してみてください。道場の反対側の壁に向かって五、六歩ぐらい歩いてみます。古流剣術では三間離れた距離から行うことが常道だったそうです。相手と離れることで技の流れが大分変わってくることに気づきます。特に小手返は距離を取って伸び伸びと稽古した方がダイナミックな動きで稽古できます。気の流れという稽古になってゆきます。

大東流《だいとうりゅう》の武田惣角《そうかく》先生は、特定の道場を持たず旅先の閉めきった小部屋で少人数で秘密裏に技の教授をしたそうです。近間での稽古が多かったのではないかと想像されます。明治から大正にかけて大東流は秘密の武術でした。大勢で開放された体育館で練習する現在の武道のスタイルではありません。「表技の次は裏技をやりましょう」などと表技、裏技を平面的に教えることはありません。初回に表技は見せても、裏技は見せない。秘密の奥の手だから裏技なのです。そのようなことが当たり前の時代で、何しろ武術ですから、相手が何も知らなければ知らないほど好都合です。江戸時代でも各藩ごとに秘密の武術が訓練されました。大東流は会津藩門外不出の御留技《おとめわざ》であるといわれていました。

大先生は北海道で武田先生にお会いした後、京都府綾部で槍を八方に振る稽古や、広大な中国大陸での活躍のときを経て、合気道の入り身や転換の動きがさらにダイナミックになっていったのではないでしょうか。「大先生の演武は勇壮でまるで台風のようだったよ」と師範がおっしゃっています。

三十．片手取相半身小手返

師範「片手、相半身。（小手返から抑え）持たせる。持たせたときには入っている。（入り身から当て身）いいですね。ここ（受けの手の先に）剣線入ってます。刀でなかに斬り込んでいる。

小手返は下段の技。バーッと下に下げる。（小手返）

相手を裏返しにして、必ずうつ伏せにして。（頭の上から抑える）このように抑えることもある。（立って相手の腕を伸ばし手首を決める）それから、（座技）二教の抑えでここ（肩）を鍛える。バーッと、いいですね。手首と肘を鍛える。実際に抑える場合にはクッと頭の上から。」

受けは手に武器を持っていると想定します。剣でもいいですし、ピストルでもいい。片手取相半身で受けの正面に不用意に突っ立っていないようにします。たとえばピストルの前にボーッと立っていたらズドンと撃たれて一巻の終わりです。受けの片手で自分の手を持たせるのですが、持たせたときにはいつのまにか入り身して外側に移動して刀で斬り込んでいる体勢になっています。

相半身で相手を導き、体捌きで半身を切り替えて外側に入り身した瞬間に相手の顔面に手刀で横に切り払うように当て身を入れます。右かと思いやってくる相手の左に立っているのです。瞬間的に左右に転じての体の変化とともに当て身を入れます。

手刀で当て身
受けの手の先に攻撃の線があり、入り身でかわして外側から当て身を入れます。
目にも見えない当て身も大事ですが、わざと相手に当て身を見せることで相手のバランスを崩す効果があります。手刀や裏拳で顔面を打ち、それから小手返に移行します。

抑え各種

一　相手の脇腹横に立ち、相手の腕を伸ばし手首を極めて肘、腕を相手の背中の方へ圧迫する。学生時代は専らこの抑え方を多用していました。

二　相手の脇に跪座でかかとをつけて背筋を伸ばして座り、相手の肩、肘を二教で抑える。丁寧に抑えるやり方です。

三　相手の頭の横に前足を置き、頭の上の方向から腕を極める。相手の手首を伸ばし自分の腿につけます。自分の体勢を安定させて、肘を上から極めます。相手の手首が空中でぶらぶらしていると手先だけで極めるようになり極めが甘くなります。

学生時代は一番目の抑え方を多用していました。現在通常の小手返では三番目のやり方で抑えることが多いです。そしてリバース小手返にした場合、四番目の抑え方が必要です。リバース小手返の場合、投げてから固めるときに相手の脇腹の横で腕と肘を抑えます。相手の脇腹の横から相手の頭の方向を見るかたちになります。つまり体の向きが三番目とは反対になります。また、大先生はこういう抑え方もされたという話で、二教で抑える際に、通常は自分の肘で相手の手首を挟んでゆっくりと頭の方へ曲げてゆきますが、大先生は受けの腕を伸ばしたまま、ご自分の胸でパッと抑えてしまう方法もされていたと師範が一回だけ示してくださいました。つまり相手をうつ伏せにして相手の右手に二教をかける場合、自分の右手で相手の右手首を持ち、自分の左胸につけてしまうのです。自分の左手は受けの右肘を外から抑えることとなります。三教の抑え方で、手首ではなく上腕部を握って抑えるやり方といえば伝わるでしょうか。見せていただいただけでこの抑え方の練習はしませんでした。

投げから「ポーン、ヒョイとリズミカルに相手をうつ伏せに抑えます。」

ここでは説明のため、相手に仰向けになってもらいます。

小手返で受けが畳に着地したとき、相手の手首は相手の顔より反対へ位置しているようにします。受けの右手を取っていたら、頭の位置を通り越して左側に持っていきます。受けの肘が相手の鼻よりも反対側にあり、鼻の上を通りすぎていることが大事です。

「相手の肘を真下に地面を槍で突くように抑える。人間の体はゴムみたいだからピョーンとうつ伏せに転がる」と師範は説明しています。受けの肘を地面に槍のように突き込みます。人間の体はゴムみたいに弾力があってひっくり返ります。

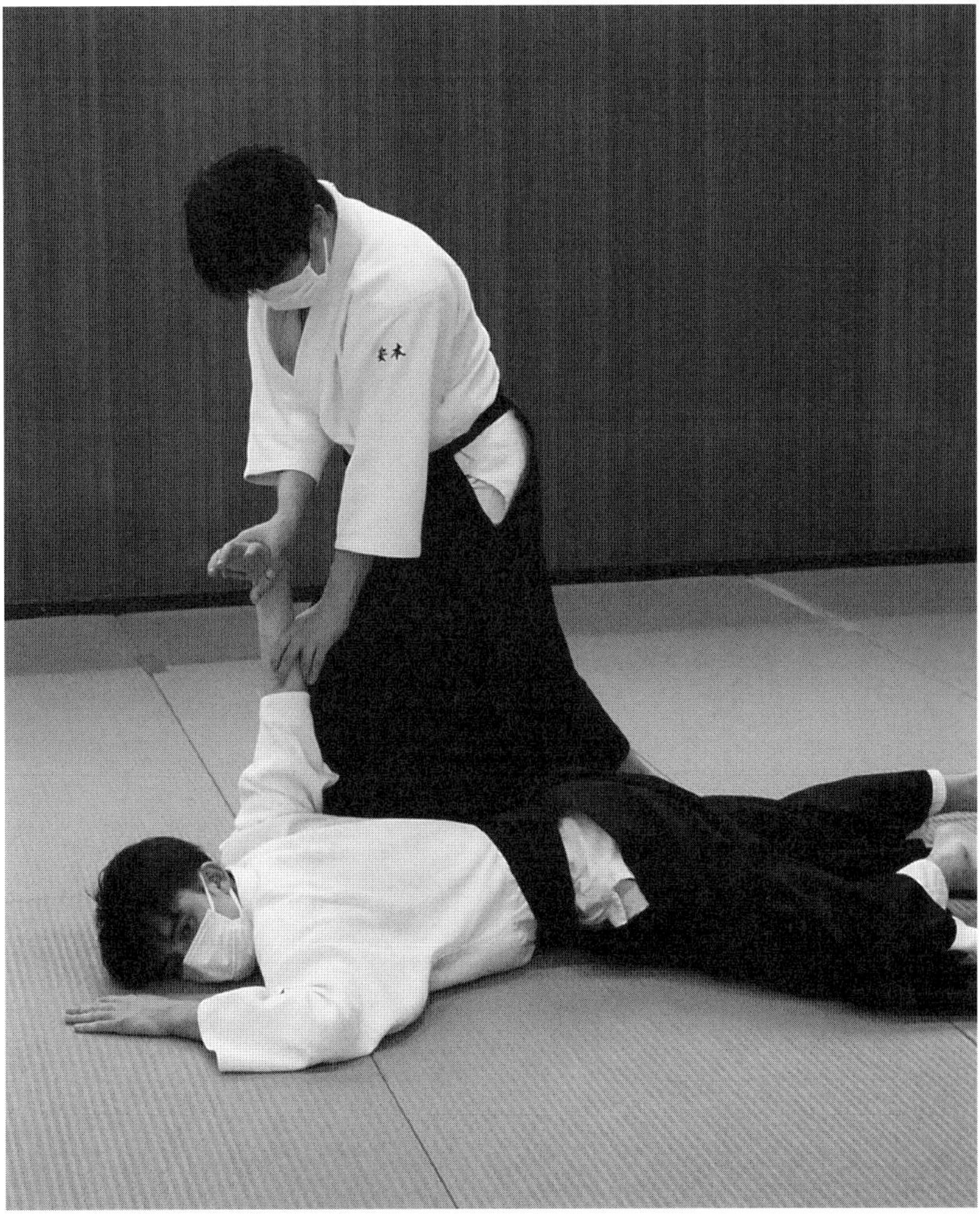

小手返の抑え方　脇からの抑え
小手返で受けを投げてうつ伏せにした後、腕を抑えて固めます。取りは受けの脇に立ち、手首、肘、肩と受けの腕を極めます。学生時代、小手返の固め方は専らこの方法で稽古しました。受けはこれ以上曲がらないところまでいったら「参った」の合図をします。

小手返の抑え方　頭側からの抑え

現在はこの抑え方を多く用います。取りはうつ伏せにした受けの頭部横に足を置き、頭の上側から抑えます。腰を落として受けの腕を広げ、脇と腕の角度が鈍角（90 度以上）に大きく開きます。手首をつかんでいる腕を自分の腿につけ体勢を安定させ極めます。

小手返抑え方　二教抑え
小手返で投げ、受けをうつ伏せにした後、取りは跪座になり両方のかかとをつけて座ります。丁寧に二教の固め技で抑えます。目線は半径２メートルぐらい先を見て、受け全体を包むように抑えます。

リバース小手返の抑え方
受けを投げてうつ伏せにした後、取りは受けの脇に移動します。取った手首を自分の腿に当てて腰を落とし体勢を安定させて手首、肘、肩と極めます。取った手首を宙ぶらりにしては技の効きが悪いので、ピタッと自分の腿につけて体全体で極めるようにします。

「ポーン、ヒョイ」から始まってリズミカルに相手の肘を地面に突き刺してうつ伏せにするのが基本です。機を失してはいけません。ですが、上手いこと受けがうつ伏せにならずに、ドーンと寝転んで仰向けのままになってしまったときはどうするかです。相手が完全に脱力して背中が床にへばりついてしまうと、それをひっくり返すのは容易ではありません。

それで相手をうつ伏せにするため横に移動しなければならないときがあります。この場合は、相手を動かそうとすると相手は無意識に動かされまいとします。固める動作の流れが止まってしまいます。相手をひっくり返してやろう。そうと思った瞬間、受けはひっくり返されまいと思う。これでは相手と対峙してしまいます。動きのかちこちなロボットがギコギコとお互いに技をかけ合っているようではいけません。

こういった際は全体をふわっと見て、何も考えず横に移動します。相手を動かそうと思わないで横に移動するわけです。相手と格闘しないのです。相手と対峙しません。これも一種の気の錬磨です。

「ポーン、ヒョイ」というリズムで投げます。
相手が畳の上に仰向けにドーンと寝そべったままになると、畳と密着してひっくり返すのは少し面倒です。投げるときにリズミカルに元気よくポーンと投げて、ヒョイと相手が勢いよくうつ伏せに転がるようにします。

手首を相手の頭の上より反対に持っていく。
うつ伏せにするには、受けの手首を持っている手の位置が重要です。つまり受けが畳に着地したときに既に手首が受けの顔よりも反対側に来ていることが重要です。機を失しないようにします。

取りは受けの肘に掛けた手を槍のように地面に突き刺す。
受けの手首を顔より反対側に持っていき、次に肘に掛けた手を槍で真下の地面を突くように突き刺します。「人間の体はゴムみたいだからピョーンと相手がうつ伏せにひっくり返るんだ」と師範は説明します。

鈍角に脇を開く。
取りは受けの頭部の横に足を置き、受けの腕と脇の角度が鈍角（90度以上）になるように大きく広げます。受けの脇を広げて、手首が頭の先に伸びるように鈍角に広げながら手首、肘、肩と受けを極めます。腕と脇の角度が鋭角の場合は技は効きません。

大人数で掛かり稽古をしているとき、小手返は投げっぱなしにする方が多いのですが、固めまできちっと練習しないと投げ固めの技術は向上しません。たとえば四回投げるうちに一回は固めるとか工夫をしてみてください。

師範が小手返で投げ固めると、受けはまるで師範の足元に吸い込まれるかのように倒れ込んでピシッと固められてしまいます。魔法を見ているようで不思議です。多分投げる前からはっきりと描かれた設計図のようなものがあり、受けの倒れ方や倒れ込む行き先は毎回決まって自然とそうなるようです。

三十一・両手取小手返

師範「バッとね、（両手取、上から手を切って当て身）パッ、手のここを締めて、小指と無名指がしっかり相手の手首にかかる。親指が相手の無名指のもとへくる。しっかりと巻き落とす。（小手返から抑え）

ブーンと巻き、この内側へ入ってしまう。（内側に入るリバース小手返）

それから、パッ、（転換して）相手の真後ろ、見えないところへ入ってしまって、そこで。（リバース小手返）

うつ伏せの失敗例
投げる勢いが弱く、受けが畳に仰向けにへばりついてしまいました。無理にひっくり返そうと思うと、受けは途端にひっくり返されまいと思い対立状態になってしまいます。争う心が対峙を生んでしまうからです。合気道は相手と格闘してはいけません。

失敗からの脱出
畳に仰向けにへばりついた受けの場合でも師範は「何も考えずに道場全体を見て、黙って横に移動するんだ」と説明します。自分の気持ちを切り替えて受けからわざと目を離して横を向いて移動すると、相手は抵抗する気も起こさずにひっくり返りました。

そうするとこう、この下から取った場合は抑えるのが内側にきている。最初はこっちだった。（頭の上から抑え）今度はこちら側にこうきている。（脇での抑え。リバース小手返の抑え）」

取りは自分の両手で受けを導き、受けの両手で持たせます。受けに両手で持たれるといってはいけません。受けは「鉄の輪を両手で持っている」とイメージし気合を入れて持つと相当な力で持つことができます。「受け側の説明は普段あまりしないね」と言いながら師範が説明してくださいました。当たり前ですが、初心者が技の手順を覚える段階で相手が全く動けないほどがっちり持ってしまっては話が進みません。

一　自分の両手を受けの両手で持たせ、相手の外側に上から切って入り身。

取りは自分の両手を受けに両手で取らせるとき、自分の真正面で両手を取らせるのではありません。相手と正対して技を開始するのではないのです。それでは相手とぶつかってしまいます。半身の姿勢から一重身でしっかり相手の側面に入り身します。手を上から切ってすかさず相手の顔面に当て身を入れます。

両手取りで小手返をしっかり取るため、上から切る自分の両手と相手の両手の合計四本の手がごちゃごちゃに絡まらないように上から切る手は少し深く差し込んで取りやすく工夫します。ゆっくり正確に小手返の手捌きを練習します。繰り返しますが小手返しは下段の技。自分の手をしっかりと自分の膝につけてから小手返を行います。

二　相手の内側（腹側）にすれ違いざまに入り、回転転換してリバース小手返。

二番目は相手の内側でクルッと転換して一瞬のリバース小手返で外側へ投げ飛ばします。内側で回転するとブーンと遠心力が働き受けは外側に飛んでゆきます。両手を同調させて一緒に動かし、皮膚感覚で投げます。

三　一八〇度転換して、パッと相手の視界から忽然と消えてからリバース小手返。

外側への転換です。持たせていた手の手首から指先は上を向いています。手のひらから指先を天井に向けることにより、その腕伝いに握っている受けの肘が少し前に出ます。そうすると下から擦り上げてリバース小手返に取る手が一段と取りやすくなります。

指先を上に向ける実験

リバース小手返の際の指先を上に向ける実験をします。両手取りよりも、この実験は逆半身片手持ちの方が理合がわかりやすすので、片手でやります。

一　転換して手のひらと指先を水平にして突き出す。それからリバース小手返を下から取ります。手のひらが水平だと角度的に下から手を取りに行きづらいことに気づきます。

二　転換して手のひらから指先を天井に向ける。すると指先を上に向けただけで受けの肘が前に出ます。下から手が取りやすくなります。

実験の一番目と二番目で、自分の手と握っている相手の手の角度が大分変わることに気づきます。原因があれば結果ありです。二番目の指先を上に向ける方法だと下から擦り上げて小手返を取ることが容易になります。

取り左半身、受け右半身、逆半身片手取で説明します。

取りは左手を差し出し、受けの右手で持たせる。取りは転換し、持たせた左手の指先を上に向けます。反対の右手を自分の左手肘のあたりから腕伝いに下から擦り上げていくようにして受けの右手の手首をしっかり取ります。受けの右手首の親指は相手の左手の薬指にかかっています。取りは左手指先を上にしたまま、受けが右手で握っている手首から真上に向けて左手首を引き抜きます。それから受けの小手を切り下げます。

両手取小手返で投げる方向を三六〇度自在に変えることができます。

一　上から切っていきなり後ろ足を前に出して前進して投げる。

二　上から切って転換してから色々な角度に投げ分ける。

三　内側に入ってリバース小手返で後ろに投げ放つなど、色々練習します。

四方投同様、小手返で四方八方に投げ分けます。当然多人数掛けでは受けの体を次に掛かってくる相手にぶつけるのが昔の方法です。今の時代は相手にぶつけると危ないので、昔のやり方とは反対に相手のいない安全な場所に投げます。

三十二. 片手取両手持小手返

師範「パッ（振りかぶって切り下ろし小手返から抑え）パッて片手をこうきた場合、この、こう回った場合、（振り下ろす両手の外側から）指先を上へ上げる。（両手の）間からか、あるいは（両手の外側から指先を上げる）。

それで、相手がこう正面にくる前に、（小手返）相手が横にいるうちに技が掛かってないといけない。それから、（転換）パッ。（手刀を立てる）（もう一方の手で）下から入る。（リバース小手返から抑え）バッ、同じ。　中へ入ることもある。まあバーッとこう、中へ入ってしまう。（相手の内側に入ってリバース小手返）」

片手取両手持は、取りの片手を受けの両手で持たせるのです。二本の腕で集中した力が片手に加わります。

指先を上げる。手刀を立てるわけですが、これも基本の動作です。力の強い人と片手両手持で稽古をする際の重要なポイントになります。振りかぶって切り下ろした両手の間から指先を上げるか、両手の外側から指先を上げるか。合気道には、指先を上に上げる動作、手刀を振りかぶるようにする動きが数多く出てきます。相手の力とまともにぶつからない方法です。刀を振りかぶる動作が基本の動きとなっています。

前述した片手持小手返の場合は、手のひらから指先が上を向いていますが、片手両手持で転換して手刀を振り上げて、反対の手で下から取ってリバース小手返で投げる場合、相手が二本の腕でしっかり持っているので、手のひらは横を向いた状態で手刀を立てます。手のひらの向きが違うわけです。

小手返は多人数掛けに適した技です。常に八人の相手を想定して稽古します。合気道の基本はより安全な相手の外側に移動することが多いのですが、多人数掛けでは、相手の外側にもう一人別の相手がいることがあり、基本通りに外側に移動する方がかえって危険な場合があります。そのような場合、咄嗟に内側に移動します。常日頃からあらゆる方向へ移動できるようにさまざまな移動方法を練習します。

投げたら固めます。おかしなものでこの文章を書きながら我が身を反省しています。自分など小手返で相手が倒れてくれるだけで喜んでしまいます。投げた後の相手があっちに飛んだりこっちに転がったりとてんでんバラバラです。受けの落下点は幅広いエリアに分散してしまいます。それを強引に固めようとしていたので毎回苦労しました。技の開始と固めの位置関係が大事です。

投げる前から受けが転がってうつ伏せに抑えられるまでの一連の流れを頭の中にきちんと描いていることが大切です。月窓寺道場や師範の門下生が集まって群馬県片品温泉で秋合宿をよく行いました。片手両手取りで転換して上段に振りかぶる。サッと斬り下ろすのですが、ではどこで小手返をするかです。そこで師範からA、B、Cの三つのポイントを教えていただきました。

上段に手を振り上げる、上段をA地点、中段をB地点、下段をC地点として説明します。パッと手を振りかぶり切り下ろすのですが、転換で腕を大きく振り上げ（A地点）、自分の横にいる受けに中段の帯の高さあたり（B地点）でサッと小手返に巻いて、下段（C地点）まで一気に螺旋形に落とします。受けが勢いよく転んだときには取りの足元に来てうつ伏せにヒョイと固められています。

悪い例ほどみんなその癖を真似てしまうのでやたら見せたりしないほうがいいのですが、理解しやすいよう悪い例を説明します。上段に振りかぶって一番下のC地点に下ろしてから小手返に巻いて技をかけると受けが自分の正面にきてしまい、おまけに受けの全体重の重みががっちりと自分にかかってしまいタイミング的に遅すぎです。C地点で小手返を巻いて行おうとしても自分の腕に絡みついた相手の両手が重たくにっちもさっちもいかなくなります。スピードもなく小手を返してもうつ伏せにするのは大変です。

師範からA、B、Cの三つのポイントがあり、中間のB地点で技をかけるということを教わったときは目から鱗が落ちた気がしました。それまで自分はC地点の一番下まで振り下ろしてから小手返をしていたのです。

B地点とは自分の帯の高さあたりで一足お先に相手がまだ自分の横にいるうちに技をかけるイメージです。技のタイミングがガラリと変わります。

片品合宿は合同稽古なので他道場の人とも稽古します。B地点で巻いてそれから加速して投げるタイミングの技を一度も受けたことがない他道場の人と稽古するときは何というか手加減が必要です。悪い例ですが、下段のC地点で落ち切ったところで小手返をすると相手の重みがもろに加わり動作が緩慢になります。ところが受けから見た場合、中間のB地点でヒョイと巻いて小手返をかけられると受けが飛ぶタイミングが格段に早くなります。受けがアッと驚くほど予期しない間にさらに加速して体が宙に舞うことになります。慣れないタイミングで投げられると誰でもびっくりします。とんでもなく激しく投げられたと誤解する人もいるようです。学生同士の合同稽古なら多少のサプライズはいざ知らずですが、大人同士の合同稽古では普段慣れていないタイミングで投げられると「乱暴な投げをする人だ」などと嫌がられるので注意します。

A 地点

片手取両手持から転換して上段振りかぶり

上段を A 地点とします。取りは手を伸び伸びと伸ばし上段に振りかぶって転換します。受けの側面に立ち、受けの視線の先から消えます。

B 地点
上段（A 地点）に振りかぶった手を切り下ろし、受けの両手が中段（B 地点）までおりてきたときに小手返に巻き取ります。これ以上下段に落とすと相手が正面に回ってきて小手を返すのが難しくなります。小手返は脇でかける方がよいと師範は説明しています。

C 地点へ
中段（B 地点）で小手返に巻き取ってここから更に下段の C 地点に向けて切り下げてゆきます。転換で横に並んだ受けの体勢が取りの正面に回って来る前に投げます。螺旋の動きが加わり受けの両足が宙に浮きます。

受け身
受けは宙を舞って、前回り受け身を取ります。

失敗例（C 地点）
受けが下段（C 地点）までくると取りと正対してしまい、おまけに受けは勢い余って両足を踏ん張り、がっしりと取りの腕にしがみついてしまいます。このC地点から小手を返すのはかなり苦しく、そうならない前の中段（B 地点）で小手を返します。

上げた手を切り下ろしてB地点で小手返をする際に、指先を上にして手首を一瞬巻き上げてから小手返に移行します。前述したように受けの両手の外側から巻き上げるか、相手の両手の中間から巻き上げるか、受けの両手の持ち方で変わる二通りの方法があります。

三十三．肩取面打小手返

師範「パッ（当て身）、パッ、（肩取面打、受けの正面打ちを転換して小手返から抑え）いいですね。あるいは同じでですね、バッとポッ、（当て身）ブンッとこちらへ引き込んでいる。（受けの下ろした手を取って反対側に大きく転換して小手返から抑え）」

一　肩取りして正面打ちにくる手を転換して下段で小さく小手返

二　肩取りして正面打ちにくる手を下段で取って反対側に大きく転換して小手返

二番目では肩取りしている手の力があるので、大きく転換する際にこの肩を持つ手に注意が必要です。ふつうの転換より肩取りの負荷がかかっていますので自分の腰を痛めないように腰を据えて力強く転換する必要があります。

肩取り面打ちの手順

肩取り面打ちは多少複雑な手順となります。

ふつう受けの攻撃に対し、取りはあれこれと注文をつけたりしません。合気道は武道なのですから、子供が考えても分かることですが、攻撃してくる人間に対しおまえの打ち方は悪いだとか足の出し方が変だとか、何か注文を付けるのは本来おかしなことです。ただし、この肩取り面打ちに関しては、受け側についてその注意点が多く語られます。受けは肩を取った手を引き気味にすることが多く、なかには肩を取って押してくる人もいるかもしれませんが、通常は肩を取ったら引きつけて面を打つのが基本です。

たとえば受けは右手で取りの肩をつかんでグッと引きつけておいて、空いている左の手で打ってきます。相手の服をつかんで引きつけてから殴るのは世界的にみても普遍的な攻撃方法です。

受けが肩を取る。取りは面への当て身と同時に、もう一方の手で鳩尾《みぞおち》（水月《すいげつ》の急所）を突きます。すると受けは鳩尾を突かれてはならじと正面打ちをして取りを押し込んできます。その瞬間に取りは転換します。

受けは本来は先生役で砥石です。取りの腕にドンと正面打ちの手をのせてはいけません。生徒役の取りが転換動作を上手く学べなくなります。受けが単なる投げられ役だと思っていたらちょっとそれは違います。正面打ちをしたら受けは転換する相手について回っていかない。本来受けは取りが転換することを知らないのです。

肩取り面打ち　肩取りの誘導
肩取り面打ちの手順の説明です。取りは気勢を出して受けに迫り、誘導して肩を持たせます。受けは、肩を取ったらすぐに引きつけ、相手の顔面に面打ちを入れる心積もりです。

肩取り面打ち　当て身
取りは、受けに肩を持たせた瞬間にいち早く受けの面に当て身を入れます。受けが肩を取るのは取ってから何かをしようとしているわけなので、取りから先にまず当て身を入れます。受けは取りの当て身を防ぎます。

肩取り面打ち　正面打ち
取りは肩を取らせ、前の手で受けに当て身を入れました。間髪を入れずに取りは受けの鳩尾に向けて奥の手で中段突きを入れようとします。受けは中段を突かれまいとして、後ろ足を前に踏み込んで正面打ちに出ます。

肩取り面打ち　転換
取りは受けの正面打ちを転換して受け流します。正面打ちと取りの手の縁を切らないように注意します。受けは本来取りが転換することを知らないわけですから、前を向いたままとします。取りの転換につられて受けもクルリと回ってしまってはいけません。

受けは取りの鳩尾への当て身を嫌ってそうはさせじと真っ直ぐ正面打ちを伸ばします。受けはその場でしっかり前を見て正面打ちをします。目線は正面を向いたままで結構です。取りが転換する際に、受けがその動きにグルーッとくっついていき回ってしまってはいけません。大先生は「つくるな」と言って不用意な動きを戒めたそうです。

取りは受けの目前から消えるようにスパッと転換します。取りは受けの正面打ちの手と縁を切らないように接触を保ちます。オリジナルは以上の流れです。

この一連の動きは肩取りの練習の際に師範から何度も説明していただきました。やがて段階が進んで、気の流れの稽古になると、受けの肩取りに先んじて取りから手刀で当て身を入れるなどタイミングが変化していきます。

肩取りの当て身

取りは気力を持って迫り、受けを誘導して肩を取らせます。取りから先に打っていきます。受けが正面を打ってくるのをお地蔵様みたいにボーッと待っているのではありません。受けが肩をつかんだ瞬間、受けの顔面に当て身が自動的に入っているように一連の動作として習慣づけします。受けに肩を持たせる。受けが肩を取ってしめたと思った刹那にはすでに取りの当て身が面に極まっています。

初心者を教える場合、もし受けが肩を取っていない段階で当て身を入れると、それは少し早すぎでタイミングが合いません。逆に受けに肩をがっちり持たせてから一呼吸後に当て身を入れようとしても今度は遅すぎです。受けの正面打ちが先に自分に打ち込まれてしまいます。

場合によっては受けが正面打ちを先に出してから、その後で肩を取りにくることも考えられますが、これはあまりにも例外的なタイミングで、話が複雑になりすぎます。ここではこの例外は考えないことにします。

取りから先に入れる当て身を練習して稽古でよく使いました。普段の稽古で当て身を完全に省略している人が相手だと、受けが肩を取ってきた瞬間の自分の当て身が面白いように極まります。ちょっと人が悪いようで恐縮ですが、自分が当て身をいつでも入れられると思えば、きっと相手もいきなり当て身を打ってくるだろうと自然に思います。不意打ちに合わないよう、当て身への用心と防御は常に怠らないように稽古します。

当て身ばかりにこだわると殺伐とした稽古になりそうですが、完全に当て身省略で稽古をするのも行き過ぎのような気がします。平和すぎるといっては言い過ぎでしょうか。

たとえば二人で組んで十回ずつ技を行うとします。片方は当て身を完全省略し、もう一方は毎回当て身を入れて稽古します。一回の稽古での差はわずかですが、大学で四年間も経過すると当て身を熱心に稽古する人は当て身が相当上手になり、まったく当て身を稽古しない人とは稽古量に雲泥の差がつくこととなります。

肩取り面打ち　転換（p.118 の反対側から見た写真）
受けは正面打ちの後は前を向いたままです。受けがここからグルッと回ってはいけません。

肩取り面打ち　受けの悪い例
受けは正面打ちの手を取りの手の上にドンと乗せてはいけません。取りの後ろ足に体重がかかり、前足での転換が上手くいかなくなります。稽古で受けと取りは、砥石と刃物の関係です。本来は受けが先生役で、変な研ぎ方で刃をガタガタにしてはいけません。

想定外という言葉が流行っています。二〇一一年三月十一日の東日本大震災の大きな事故の後で、自分の責任範囲ではないことを主張するために心ない人が使い始めたようです。日常生活をする上で、不意打ちを仕掛けてくる人はあまりいない時代ですが、突発的なアクシデントを考えた場合、相手のつかみと同時に当て身を自動的に入れる稽古は、あらゆる局面で後手に回らない心構えを鍛える有効な方法だと考えます。現代の戦いはミサイルの撃ち合いで、相手がミサイルを撃ったときにはこちらも反撃のミサイルを同時に撃ってないといけない。イージス艦などそのいい例です。

そういえば、想定外の出来事で、肩取りの稽古で相手が全くの初心者と練習したときのことです。私が受けで、その人が取りなのですが、その人は私の肩をつかめず、思いのほか手がビュッと伸びてきて、そのまま間違って私の顔面を殴ってしまったのです。相手に悪意はなく、殴られる私の方が悪いのですが、肩と顔面はすごく近い位置にあるので危ない。それ以来、とても用心して肩を取らせるようにしています。

当て身を入れることで相手と自分の空間距離や角度、タイミングを瞬時に把握します。稽古相手は大きな人もいれば小柄な人もいます。海外で稽古すると畳もメートル仕様でサイズが違ったり時差ボケも加わり、周囲の雰囲気と自分の感覚が微妙にずれてしまうことも多々あります。こういったときも当て身は便利です。当て身を入れる自分の手の長さは変わりませんから、自分の手を普遍的な物差し代わりに利用します。当て身一つで空間を正しく測定、認識して、的に対する自分の照準のずれを瞬間的に修正します。世界中どこの道場に行っても間合いを正しく取る位置取りが大切です。

合気道の当て身は関節技と組み合わせて行うので、たとえ相手が身軽な人でも避けるのが難しいのです。たとえば三教で相手の関節を完全に抑えて身動きできないところで当て身を入れるのです。

自分の普段稽古している道場ならいざ知らず、他所に行って調子に乗ってはいけません。海外の道場で当て身を出すときはご挨拶代わりにわざとニコニコと笑顔でゆっくりと出してみます。するとそのときの反応で、相手がおっかないタイプの人か温厚な人か大体わかるというわけです。そういえばミラノの道場で白帯を締めているのに実は空手を何十年も習っていた達人の方がいました。見た目は白帯をしていてクールで温厚な紳士ですが、手首がとても鍛え上げられていたのです。一緒に稽古させていただいてちょっと手を触れただけで相手の手首の鍛錬具合にとてもびっくりしました。

肩取り当て身各種
受けが肩取りにきた瞬間、取りはまず上段に当て身を入れます。受けがそれを防いでスキができた中段に突きを入れます。侍の時代であれば相手の脇差を抜き取って刺したのだそうです。お地蔵様のようにボーッと相手が打ってくるのを待っていてはいけません。

肩取り当て身各種
転換してからの当て身で、受けの正面打ちとの接点を切り離す際には必ず当て身を入れます。受けの正面打ちと取りの縁を切らずに手と手を繋げたまま受け流して導くのであれば、当て身の省略は可能です。

肩取り当て身各種
投げる前に当て身。取りは小手を返し、折り曲げた関節伝いに受けのバランスが少し傾いて不安定になっている顔面に素早くポンと当て身を入れます。受けが面食らったところを投げるわけです。肩取面打小手返で取りは3、4回の当て身が可能です。

三十四．後技両手取小手返

師範「（後技両手取小手返から抑え）ちょっと後ろ向いてるな。（角度を変えて）バーッ（振りかぶって）パッとここへつくくらい（畳に手をつける）パッと（小手返から抑え）。いいですね。バー、バッとこちらへ面が入る。（上段で当て身）　入りながらこの手を後ろに回して。（転換して小手返から抑え）」

後技両手取の際、受けは小指からしっかりと取りの手首を握ります。取りは手首を持たせる際、あらかじめ自分の手の持たせ方の角度（自分の親指の方向）に注意します。

取りは自分の体の中心にそって木剣を振りかぶるように両手を合わせて振りかぶります。両脇から横に腕を振り上げるのではありません、後ろ技で振りかぶる際は手首から両肘、肩までを丸く使います。

後ろに抜ける際は、頭を低くして受けの腕に自分の頭がぶつからないようにします。取りは先に外側の足を引いて、次に受けと近い内側の足を引きます。受けの後ろにすり抜けます。そして振り上げた手を今度は畳につけるように切り下ろします。そのまま下段で小さく小手返を行います。自分の手を畳につける点がミソです。受けの目の前、つまり受けの正面でいつまでもうろうろしていない方がいい。相手の両手の内側では、相手の力が強くなります。このため相手の外側、つまり後ろ側へなるべく早く抜け出した方がいいわけです。

もう一つの動きは、両手を振りかぶり上段で当て身を入れ、その手を下ろしながら受けの手を取って大きく転換して小手返を行います。

肘打ちの説明をします。いわゆる肘鉄砲ですが、後技両手取の当て身は、取りが両腕を前に張り、のびのびと伸ばして受けがそれにつられて少し前のめりになった瞬間に肘で鳩尾に当て身を入れます。取りの手がかじかんでいると、受けの体勢が安定してしまい、肘打ちを防がれてしまいます。

後ろに抜ける

後ろ技は、受けが自分の背中側に回っていて、つかむなり攻撃してきます。第六感の稽古になりますが、まず物理的にしっかりと体捌きする練習を行います。

受けの力の及ぶ範囲、つまり受けの両腕の内側に長居するのは不利です。後ろ技のときは受けの目の前、すなわち受けの内側から外側に素早く移動することが肝心です。基本の動きは外側の足、内側の足と後方に引いて相手と平行に抜けます。

両手を振りかぶる際や相手の後ろ側へ抜ける際は両腕と両足を同調させて動かします。この動作も一人で何度も自宅練習します。両手を振りかぶるのは受けに後ろに引き倒されないようにする工夫です。両手を振りかぶるのと同時にサッと右足を引く。そして両手を切り下ろしながら左足を引く。もしくは、両手を振りかぶるのと同時に左足を引く、そして切り下ろしながら右足を引く。右手のひらと左足裏、左手のひらと右足裏の動作の合わせが大切です。

木剣や練り棒を持ってやっても良いです。後ろに下がる動作の際に、前方の床の一点を見て、体がふらつかないようにします。

後ろに抜ける体捌きなど独り稽古を数多く行い、道場で後ろ技に巡り合ったら二人で組んで、受けの力具合を感じながら自宅練習の効果を確かめてみます。パッと相手を浮き上がらせて、刀で斬るように相手を畳まで沈めます。

三十五. 後技両肩取小手返

師範「(両手を天地に分ける) バーッと入って (後ろに抜け)、こちらの (右) 手で三教を取る。で、こちらの (左) 手で小手返をする。こっちで取ると三教になってる。いいですね。この手を取りながらこうやる (腰を捻って当て身) と三教。バッ、(左手で面に) 当て身しながらこうやって返す。(左手で小手返に取ってから抑え)」

後技両肩取りの場合、小手返と三教がセットになっています。後ろ技は相手に引き倒されないようにまず気合を入れてバーッと振りかぶります。そのとき、畳の一点を見ます。そこから外側の足を引く。内側の足を引く。すると、パッと相手に平行に並びます。

このときに、取りは受けに近い方の肩の手を取れば小手返、受けに遠い方の肩の手を取れば三教になります。三教は腰を回して腕を取りながら同じ腰の回転方向で当て身を入れます。小手返も受けの面に当て身を入れながら受けがひるんだ際に肩取小手返を行います。

後技両肩取りで、受けは正確に取りの両肩を取ります。たまに取りの稽古着の背中、肩甲骨辺りをつかむ人がいますが、受けがつかむ場所を間違えると技自体が変わってしまいます。受けは先生役ですので、対立的な気持ちでは取らないようにします。

中段突一教と小手返

先に後技両肩取りで、小手返と三教をセットで覚える説明をしました。これと同じことですが、中段突小手返と中段突一教をセットで覚えておくと便利です。ほぼ同じような体勢と動きで受けが右手で突いてきても、左手で突いてきても慌てずに対応できます。

後技両肩取小手返
取りは受けに両肩を持たせます。受けの体に近い側の肩の手を取ると小手返になります。取りは受けの体と平行に真っ直ぐ後ろに抜けてゆきます。斜めに抜けようとすると、受けの胴体に頭をぶつけて首を痛める人が結構いるのだそうです。

後技両肩取小手返
取りは受けに近い側の肩から手を取り小手返で投げます。受けの反対の手はまだ肩をつかんでいますので、しっかりと受けの後ろに抜けて受けの腕が自分の後頭部に当たらないように気をつけます。

後技両肩取三教
取りは受けから遠い方の肩の手を三教で取ります。面に当て身を入れながら腰を回転させる動きで三教が極まります。このように小手返と三教をセットで覚えておくと、受けのどちらの手を取っても良く便利です。

中段突小手返
同様にセットで覚えると便利な技を中段突きを例に紹介します。左右、どちらの突きにも対応可能です。取り左半身。受けが右手で中段突きにきました。取りは左足から入り身して前の手（左手）で中段突きを小手返しに取ります。

中段突一教
取りは左半身。受けが左手で中段突きにきます。取りは受けの内側に捌いて前の手（左手）で中段突きを上から一教に取ります。つまり同じ半身の体勢から、左右どちらの手で中段突きがきても小手返か一教を行うことが可能でセットで覚えると便利です。

三十六．後技両肘取小手返

師範「パッとこうやって自分の手を巻き上げる。（後技両肘取）まあそれから当て身入れたりしますね。そしたらこれは頭を低めてバーッと（後ろに抜けながら）ここで（上段に）面打つような感じです。で、ここで小手返をします。（抑える）」

肘の巻き上げ

受けは取りの両肘をつかみます。後ろからの肘取りは、受けが取りの肘のツボを痺れるように持ってくる場合があるので注意します。

自分の親指をクルクルと回転させて腕を丸く回して巻き上げます。つまり両腕を回転させて相手の体全体を浮かして前のめりにします。後ろに抜けながら振りかぶった上段で受けのこめかみに当て身をします。そして切り下ろして小手返からうつ伏せに抑え込みます。この振りかぶった手で上段にコンと当て身を入れる方法は自分ではなかなか気づきにくいものです。知識として知っているだけでなく、何回も練習しないと体得できません。受けは取りの両肘を持っているので、両手がふさがっています。手で当て身を防御することはできません。動きの流れの中で当て身をすると相手の顔面にヒットします。

三十七．後技抱込み小手返

師範「（後技抱込み）パッとこういう風にね、フワッとこうね、カラスの濡羽のように力を入れない。あの、自分はね、フワーッてこう赤ん坊が万歳するように。鳥の羽のように、ここで（当て身）こう入れながら（下ろした手で小手返、抑える）。」

抱込みをしてくる受けは、取りが少しでも動く気配があればさらに締め上げてやろうとします。そのようなときにむやみに動けば、ますますきつく抱え込まれてしまいます。受けの締めに対して、むやみに力まない。

受けの持ち方ですが、後技抱込みの際、受けは決して両手の指と指をがっちり組み合わせて持ってはいけません。そのような持ち方をすると技を掛けられた際に自分の手が外れずに指がきつく絡まったりして、自分の指や手を怪我する恐れがあります。あまり稽古する機会のない技ですがご注意ください。

受けは力を入れないで柔らかく万歳することが重要です。ガチッと硬い動きをしてはこの技は成功しません。自分が赤ん坊になったつもりで両手を上げて万歳したら外側の足を引いて、内側の足を少し大きめに引きながら体を移動させて相手の力の範囲の外に出ます。万歳させた腕が自然と下りてくるときに小手返を行います。

この技は豪快に投げ飛ばす剛のイメージではなく、とても柔らかで、受けの抱え込みからスルッと脱出するところは何かとても不思議な感じです。ミステリアスといってもよく、玄妙です。合気道には力強い勇壮な豪快系の技と、それとは別にこの技のように柔らかで玄妙な系統の技があります。

短刀取突小手返

ＤＶＤ教本以外の小手返の技もいくつか紹介します。相手が右手で突いてくるか、左手で突いてくるか。どうしたら分かるのか。それはあらかじめ潜在意識で分かっていて体が自動的に反応しているようになってないといけないと師範は説明します。

小手返は武器取りへの応用が行いやすく徒手から武器技への移行が簡単です。ただし、体捌きで基本的な注意事項があります。近間で相手の攻撃の線を跨がないことです。

実は学生時代はこの辺の足捌きが少しあやふやでした。今、月窓寺道場で行っている体系立った足捌きの練習方法などまだありませんでした。継ぎ足などの本格的な足捌きの練習をしたのは月窓寺道場に入門してからです。

師範の話では、大先生ご自身も足捌きについてあれこれ細かく説明されることはなく、たとえ足捌きが下手な人を見ても「最近は足捌きも知らんのかのう。困ったものじゃ」といって特に何も教えてくれないのだそうです。そういった時代で、武道の基本的な足捌きは皆知っていて当たり前で、大先生本人は行者のようだったとのことです。

次に、近間で相手の攻撃の線を跨《また》いではいけない説明をします。

短刀取中段突　(悪い例)
師範は半身から後ろ足を前に出し、相手の攻撃の線を跨ぐと危ないと指導します。何が良くないのか、悪い例ですが連続写真で紹介します。受けは左手で背後に短刀を隠し持って中段を突きます。刃は上向きです。取りは左半身。お互いを結んだ線を A 線とします。

短刀取中段突　（悪い例）
受けは素早く短刀で中段を突きます。取りは左半身から後ろ足（右足）を前に出して受けの外側に移動しようとします。この後ろ足を前に回して前進している途中で一瞬、A 線を跨ぎます。受けの攻撃線に対し一瞬自分の正面を晒してしまうわけです。

短刀取中段突　(悪い例)
悪い例です。取りが受けの外側に移動する前に、受けの短刀突きがもろに中段に極まってしまいました。突きの速さと自分が前進する勢いが合わさって、A線上で本当に中段を突かれたら大怪我をします。以上が近間で相手の攻撃の線を跨ぐと危ないという説明です。

線を跨《また》がない体捌き

相手の突きが伸びてくる線をA線とします。畳の継ぎ目の線を利用してもいいです。取りはA線上に平行立ちで体を正面に向けて立っています。受けがA線上を自分目掛けて真っ直ぐ突いてきます。このときに取りは攻撃線上のA線から離れ、受けの外側へ体を移動します。受けの内側つまり腹側に移動すると、空いている方の手と合わせて二本の手で連続攻撃（ワンツーパンチ）を受けやすくなります。受けの外側、つまり背中側に移動する方が安全です。二撃目、三撃目を連続して打たれないようにします。基本の動きとしては外側へ体捌きをします。

問題は、半身に構え後ろ足を回しながら前に出て、相手の外側に体を移動させようとする場合です。取りの体が一瞬ですがA線上を跨ぐわけです。受けの突きが予想外に高速だと腹部をもろに強打される結果となります。これが短刀取りであれば、腹部に短刀が突き刺さる恐れがあります。

後ろ足を前に回して前進するのは実はかなりの時間が必要で、相手が打ってきたのを見てから反応して後ろ足を回して前進しようとするとリスクが高い動きとなることを肝に銘じなくてはなりません。

お互いの微妙な間合いの問題ともいえますが、たとえば受けが右手で中段を突いてくる場合、取りが右半身に構えて、近間から後ろ足を回して相手の攻撃線を跨ぐと突かれるリスクが高い。では、取りはどうすればよいか。師範は次の三つの練習方法を示しました。

一　左半身で前足の左足から相手の外側に入り身する練習。攻撃の線を跨ぎません。
二　最初から相手に平行立ちで正対し、左足から外側へ移動する練習。
三　右半身の場合、その場で腰を捻り上体を左半身に切り替えてから歩み足や継ぎ足で相手の外側に入り身する練習。

「お互いが遠く離れた剣の間合いで斬り結ぶ場合、後ろ足から飛び込むこともある」と師範は説明します。後ろ足を回して外側へ入る動作を否定するのではありませんが、受けにものすごく早く強力に突きを入れられると、後ろ足から入るのでは上手く外側に入れない経験をしたことがあります。間合いが詰まった中で無理に前進しようとすると、タイミング的にリスクが高くなります。

とある演武会で太刀取りを演じている演武者が後ろ足を前に出すのが遅れて、正面から木剣で頭部を強打され、ゴンと音がしたのを聞いたことがあります。頭の骨は硬いので大丈夫だったようですが、見ていてとても心配しました。攻撃線を跨ぐことのリスクを知っていないと、なぜ木剣で打ち込まれてしまったのか、本人自身が後から考えてもわからないのではないかと思いました。

ではなぜ、後ろ足を回して入る動作が多いのでしょうか。この疑問に答えるかのように、あるとき師範が戦後の合気道の歴史を解説してくださいました。

「大先生は半身に構えて前足から相手の外側に入り身に入る動作が多かった。相手は何をしてくるかわからないからね。」


昔、合気道の海外普及期にアメリカに合気道を教えに行った人がいました。大勢の大きなアメリカ人相手に現地で様々な工夫をしました。合気道について何も知らない人に教えるときに、「体操式」に号令を掛けながら後ろ足を前に出してから、さらに回ってくるりと転換する動作を教えました。大きな体育館で全員で体操のようにこの動作をやってから入り身の技を教えるのです。限られた講習会の時間で、一人で大勢の人を教えるときに体操式は大層有効だったのです。日本に帰ってきてからも同じように後ろ足を前に出しながら入り転換する体操を教えるようになりました。するといつの間にか後ろ足から入ることが多くなっていきました。

片手取相半身小手返では後ろ足を前に出して入り身しています。右かと思いきや左に転化する動きはしょっちゅうです。お互いの距離が離れている間合いならこういった動きはあるのですが、特に短刀取りなどの演武では刃物で刺されないよう注意します。

1 中段突き　入り身
師範は受けの中段突きの線を跨がないように入り身する3つの方法を示しています。
取りは左半身、受けは右手で中段突きをします。取りは左半身から左足を斜めに前進させて受けの外側へ入り身します。基本の動きで一挙動で受けの攻撃線の外側に出ます。

1-① 中段突き　小手を立てる方法
一挙動で攻撃線の外に出る際、前の手による突きの流し方に2種類あります。取りは左半身。受けは右手で中段突き。取りは前の手（左手）の小手を立てて、指先から肘までのすべてを使い中段突きを受け流します。

1-② 中段突き　腕をその場で丸く回す方法
小手を上げる暇もないときの方法です。取りは左半身。近間から不意に突かれて小手を立てる時間もないときは腕を上げずにそのまま腕全体をその場で回すだけで受け流します。受けの腕をガツンと弾くのではなく、体全体をふわりと丸く回すイメージです。

2 中段突き　平行立ち

2番目の方法です。取りはA線に対し体の正面を向け平行立ちで立ちます。最初は相手の攻撃線上に体の正面を向けて開始し、受けの突きに応じて右、左と外側へ入ります。合気道はすべて半身で構えると思っていたため最初は驚きましたが、動きはシンプルです。

2 中段突き　平行立ちから入り身
受けはどちらの手で突くか分からないように背中に短刀を隠し持ちます。受けが左突きでくれば、取りは平行立ちから右足を外側に出して入り身します。受けが右手で突いてくれば、取りは左足から外側に入り身します。

3 中段突き　半身を切り替えて入り身

3番目の方法はかなり体捌きの稽古をしないと使えません。取りは左半身。受けは左手で短刀突きをします。取りは左半身から足の位置はそのままで一瞬早く腰を捻り上半身を右半身の体勢に切り替えます。相手の攻撃線上で自分の正面を見せない工夫です。

3 中段突き　半身を切り替えて入り身
取りは左半身から上半身を右半身に切り替えて、受けの左突きの外側に入り身します。伸びてくる受けの短刀突きを右半身の体勢でかわします。しかし、ここまできてよくよく考えてみれば、最初から右半身に構えてから外に出てしまう方がシンプルなのです。

3 中段突き　半身を切り替えて入り身

取りが半身を切り替えた後の足捌きの説明ですが、受けとの間合いに応じて継ぎ足、送り足、歩み足を自在に組み合わせて受けの背後まで一重身で入り身します。相手の攻撃線を跨ぐことなく安全に入り身をする稽古方法です。

前足を引く

何でもかんでも前に出ればいいってものでもない。間合いが近ければなおさらです。変化技の一例として、前足を後ろに引く体捌きがあります。受けが体当たり気味に素早く突きに出てくる所に合わせて、大きく自分の前足を引いて相手を流し出します。

小手返では短刀で突いてきた受けの手を剣先の方向にさらに伸ばすようにつかみます。すると受けは体が前に崩れます。しかしながら、短刀取りのときは手がすっぽ抜けると自分の指が切れて危険です。そこのところはよく注意します。

コラム——演武で真剣は使わない

師範が渡欧前、最初の東京オリンピックの際に真剣で演武した話があります。観客は外国人が多く、木刀では何をやっているのか見る人がわからないであろうということから例外的に真剣で演武をしたそうです。ただし、短刀取りは自分で相当な回数の素振りをして、突く側の気持ちがわかるぐらいでないといけない。演武で真剣は使わないと諭します。

「真剣は使わない。真剣を使って演武をして、受けが躓《つまず》くと危険だよ。」

真剣を使用して手が滑ると、指が切れて危ない。イタリアのミラノでしょうか、演武の最中に手が切れてしまったことがあるそうです。そのときはすぐに止血の呼吸を行って血を止めたのだそうです。武器技は取りも受けも思わぬ危険が多く、真剣は使わない方がよいとの教えです。

早稲田祭演武会

卒業してから何年も経った頃の話です。早稲田祭では文学部体育館内で勝見勝弘先輩（第二十代）の短刀取り演武を間近で拝見したことがあります。

OB演武の時間となり年次順だと後輩の私（第二十三代）が先に演武して、勝見先輩がその後という段取りなのですが、先輩が演武前の私を呼んで順番を変更しました。先輩はスポーツバッグから白鞘に収まったジュラルミン製の短刀を取り出し、「これを使う」と一言。受けは第二十四代の中から指名されました。

白鞘に入れたままの短刀を手に受けが先輩に近づく。やおら短刀を抜き放ち、振りかぶった。短刀に一瞬戸惑った感がしましたが、袈裟懸けに斜め上から先輩に横面打ち。鞘は演武の邪魔になりますので場外に投げ捨てます。ジュラルミン製の短刀を素早く振り下ろしました。先輩はバッとダッキング気味に後ろに飛び退いてこの袈裟切りをかわしました。

この一撃目の迫力で場内はシーンと水を打ったように静まりかえりました。勝見先輩の顔色もさっと変わりました。二撃目から受けをつかまえて投げる、投げる。投げる。ピカッと光る短刀の突きの鋭さとあまりの投げの迫力で演武を見ていた観客は全員が凍りつきました。

演武が終わると「いきなり受けが切ってくるからな」と先輩がコメントしていました。受けは顎がガクガクになったとこぼしていました。

後知恵ですが、どうやら演武の段取りとして、一撃目は短刀で正面から思いっきり突いてこい、という流れだったようです。ところが受けが白鞘に納められた短刀を抜き放ったとき、右手で突きをする予定が、左手の方に刃先がいってしまい、右手には鞘が残ってしまった。演武の途中でむき身の短刀を持ち替えるわけにもいかず、仕方なしに予定外で、左手に持った短刀で横面打ちにいったのです。武器技の演武には怖さがあります。

ちなみにこの演武のことを勝見先輩に何年も後で聞いたのですが、本人は何も覚えてないとのこと。考えるな、感じろ、とっさの身のこなしが大事ということのようです。

白鞘に入った短刀は収まった状態だと、どちらが鞘でどちらが刃か分かりにくいものです。余談ですが、坂井三郎氏（第二次世界大戦時のゼロ戦パイロット）は娘さんに、咄嗟のとき暗闇でも分かるように鞘の片側を丸くそぎ落とすようにと伝えています。（出典／『父、坂井三郎「大空のサムライ」が娘に遺した生き方』 産経新聞出版）

短刀取横面打小手返

徒手での横面打ち小手返の手捌きで相手の打ち込みを捌いて、一瞬手の甲で流して小手返を取ってゆく動作があります。くるりと小手を取る動作が上手くいかない人は両手をぴたっと合わせて横面打ちを流して小手返に取る練習をします。

短刀による横面打ちの場合は、徒手と同じ動きでは相手に短刀で自分の腕を引っ掛けられて怪我をします。このため手順について技術的な注意があります。


短刀取横面打小手返の場合、内側に捌く際は懐を深くして捌きます。

昔本部道場で師範は木曜日に指導されていて、学生も木曜日に合わせて本部道場に行きました。師範は基本技の場合、ほとんど無言です。技を見せてくださるだけで言葉による説明はありません。ふつうのスピードといっても学生の目からはとても素早いのですが、数回技を見せてくださった後、「はい」と言ってすぐ学生同士の稽古に移りました。一生懸命目を凝らすのですが、白帯の頃はどんなに目を凝らしていても分からないことは沢山ありました。

記憶に残るのは短刀取横面打小手返の場合に、「短刀で斬ってきた際は懐深く捌くこと」と言葉による技の解説があって、稽古中に師範が喋ったと驚きました。師範は少し難しい手順の説明は言葉でしてくださるのでした。イタリアでの古い門人も同じ感想を持っていて、「最初の頃、師範は稽古でほとんど喋らなかったよ」と語っています。

短刀取横面打小手返　(悪い例)
取りは左半身。受けは逆手に持った短刀で右手から横面打ちをします。短刀取りの場合、横面打ちを丸く後ろに捌くと、徒手と同じやり方では短刀で腕を切られる恐れがあります。不用意に左手から捌かないようにします。

短刀取横面打小手返　（悪い例）
悪い例で恐縮ですが、受けが右手による短刀横面打ちにくることろを、取りは徒手技と同じように左手で捌こうとしたため、左手を短刀で引っ掛けられてしまいました。ではどうすれば良いのでしょうか？

短刀取横面打小手返
右手による短刀横面打ちの場合、取りは懐を深くして後方へ体捌きして右手で短刀を誘導しながら切り落とします。武器取りでは徒手の場合と少し手順が変わるわけです。

短刀取横面打小手返
取りは右手で下段に落とし、そして受けの短刀を持つ手を左手で取ります。右手ですかさず受けの顔面に当て身を入れます。

取りは短刀を下段に落として、受けがバランスを崩したところを小手返に取ります。この際に短刀で自分の体や受けの顔面、首筋などを切ったりしないように注意します。お互いの安全のため、取りと受けの中間地点で短刀を持った手を返します。演武の際、受けがうっかり手離した短刀が宙に舞うこともあり、武器技は注意深く行う必要があります。

太刀取小手返

不用意に後ろ足を前に回して相手の攻撃線を跨いで、悲劇的に剣の真下に飛び込んでしまわないようにします。太刀取りの場合、基本は左半身なら左足から相手の外側に出るわけです。右半身なら前足の右足から相手の内側に出ます。振り下ろす太刀の下でうろうろしません。

太刀取りで小手返に取る際に柄に指を二本ほどかけておきます。受けが小手返に取られた片手を刀からパッと離して、残った片手で斬りかかるのを防ぐため、刀の柄に指を掛けて投げるわけです。

受けの木刀による打ち込みの際には注意が必要です。特に半身で前側の手はみな用心していてそれでも切られるということは稀でしょうが、意外と盲点なのは後ろ側の手です。後ろ側の手をぶらぶらさせていて木刀が当たる事故が結構あります。真剣だったら大怪我です。杖で突いてくるときも同じ注意が必要です。後ろの手をぶらぶらさせないことを徹底させるためにどうするか。

「大先生は後ろの手で袴をちょっと摘んでいたよ」と師範は話します。後ろ側の手が不用意に前に出てくるのを防いでいたわけです。

太刀取小手返
取りは気力もって受けに迫り正面を打たせます。ピタッと立ち止まって静止し受けの攻撃を待っているより自分からスルスルと前進した方がよいです。取りは左半身から左足を斜め前進させ、しっかりと受けの攻撃線をかわして外側に入り身します。

太刀取小手返
一重身の姿勢が重要で、後ろの手や肩が相手の剣線の先に残っていると切られてしまいます。取りは入り身で木刀をかわしてから小手返を取り大きく転換します。このため拇指根の一点をすばやく移動させます。転換の際に目線は45度先の進行方向を見ます。

太刀取小手返
太刀取りの場合、相手の木刀の柄に自分の小指と薬指の二本の指を掛けておきます。これは受けが取られた手を柄から離し、刀を返して横腹を斬ってくる返し技に対する用心です。

太刀取小手返
太刀を持っている手を返します。昔の戦場では相手の太刀を奪いがてら相手の首の頸動脈を斬る技があったそうですが、現代では安全第一です。木刀の先が回って隣で稽古している人を突いたり、受けや自分の頭に当たることもあり注意が必要です。

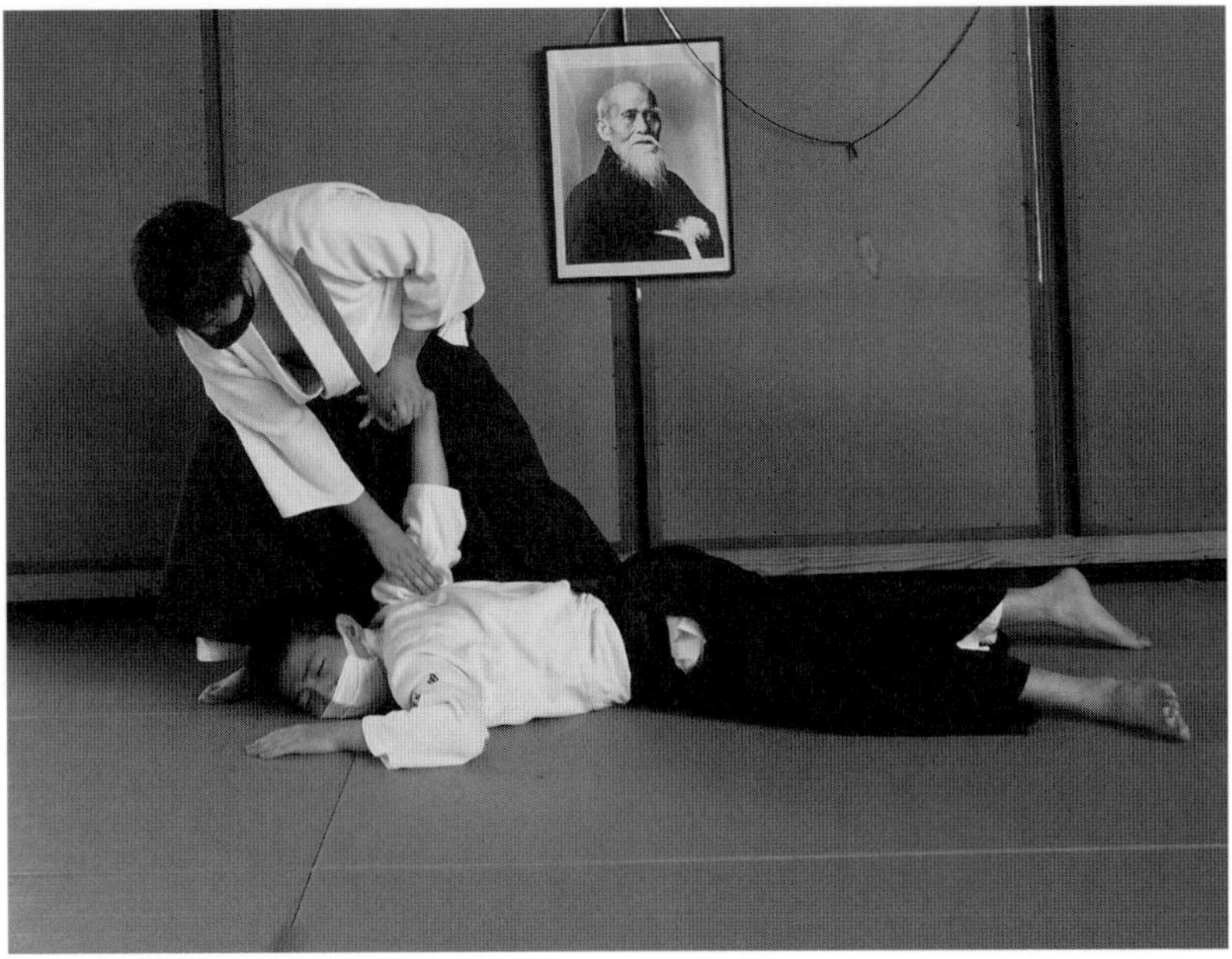

太刀取小手返
小手返で投げた後、受けをうつ伏せに抑え腕を極めて木刀を取ります。うっかりして受けが木刀を手から落としてしまうこともあり注意を要します。木刀とはいえ刃の側を素手で握るのはよろしくないので丁寧に武器を取る稽古を行います。

多人数掛け

多人数掛けは通常最大八人で稽古します。八人以上いても攻撃側がお互いにぶつかってしまい危ないのです。師範がよく「本当はこうする」という話をされるのですが、たとえば小手返で投げる際に、受けの体を次に攻撃してくる人の足下にわざと放りつけます。これからまさに攻撃しようとする人は突然飛んできた受けの体に足を取られて、二人や三人が団子になって地面に転がってしまうわけです。

同一方向から二、三人が束になって掛かってくるときは、受けの体をこの二、三人に向けて投げ放ち全員を団子にしていっぺんに倒します。多人数で攻撃されても、取りが一回投げ技を出せばその度にみんなが団子になって転がり、あっという間に攻撃側の人数が減少してしまうわけです。

大先生には三十人ぐらいの日本陸軍の兵隊さんに腕試しの闇討ちをされて、その三十人を返り討ちにして山に積み上げたという話があります。

お風呂で大先生の背中を指で押すとすごい体だという話がありました。北海道の開拓事業で鍛えた大先生はすごい体つきで、銃剣術の達人の人に上半身裸で左胸を突かせても、太い木銃がしなって突いた人が逆にひっくり返ったというエピソードもありました。「我々だったら木刀で突かれたら胸に穴が開いて死んでしまうよ」と師範は語っていました。明治・大正・昭和の時代は長槍思想といって日本軍は工業力で劣るため、前線で弾の補給がなくなっても困らないように、いざとなったら銃に短剣をつけて長い槍にして突撃する戦法を重視していました。長い槍の方が短い槍より強いという理由です。だいたい背の低い日本人ですが、長くて重たい小銃を担いで戦場で使用していたのです。

現代の稽古では、多人数掛けといっても投げの体を自由自在に投げ分ける際、相手にぶつけません。ぶつけるのとは真逆で、誰もいない空間を瞬間的に判断して受けが安全に受け身が取れる方向にきちんと投げ分けます。

古い時代の技は怖いものです。日頃稽古は安全第一といっていても、多人数掛け演武を行うと無意識に相手にぶつけるように投げることを頭の隅で考えています。演武の際に、瞬間的に古い技が出て知らず知らずのうちに相手にぶつけるように投げてしまっている自分を発見して怖い思いをするときがあります。

掛かり稽古

学生の頃は一対一での稽古が大半でした。一人の先輩に一人の下級生がついて稽古します。月窓寺道場では取りの回りを囲んで多人数で掛かる「掛かり稽古」も行います。受けは三六〇度回りを囲んで掛かります。順々に仕掛けます。一対一の稽古と、大勢で一度にかかる多人数掛けの中間のような状態です。

道場の広さにもよるのですが、決まった一方向からだけ攻めるのでは技がプツプツと途切れてしまうので、周りから連続的に自由にかかっていった方がよいと師範は指導します。

道場が狭いと受けがあちこちに飛んでいき、人とぶつかったりして危ないのでそこは注意が必要です。

合気道は昭和の大戦をくぐり抜けた武道です。一対一の競技スポーツではありません。これはいいとか悪いとかいう話ではないのです。ＴＶでオリンピックの試合を見ていて、ルールで決められた大きさの試合場があり、審判がいて自分と相手が一対一で試合をする。金メダルを目指す。これが戦いの本質だと思うと大きな誤解を生じます。体重別とか、試合時間制限とか色々なルールがあって、その中で競い合うスポーツの世界はそれはそれで素晴らしいのですが、合気道は異なります。

合気道では常に三六〇度、多人数が掛かってくる前提で稽古をしています。相手がいつも素手とは限りません。多人数や、対武器を考慮して稽古を行うことが合気道の稽古方法の大きな特徴の一つです。武道は相手と対等になって戦うのではないと師範は説明します。「多人数掛けで一人の相手を投げようとこだわるとそれがスキとなる。スキはすぐわかるので後ろから別の人にすぐ切られてしまうよ」と注意してくださいます。

また、スポーツという言葉の定義も欧米と日本で大分違うと師範は説明します。合気道は心の鍛錬も含めていますが、ヨーロッパの人がスポーツという単語から連想するのは体を楽しく動かすことで、遊びに近いイメージがあるようです。宗教的な世界とスポーツは全く別の世界です。

かつて柔道はスポーツだと日本人が言った途端、欧米でその言葉にがっかりしてしまった人がいたと師範は語ります。欧米の騎士道を愛する人たちはかつての柔道に騎士道に近い精神性を見ていたのですが、それが本家の日本人からスポーツと言われてしまいがっかりしてしまったのだそうです。日本だと少年野球でも野球道といったり、スポーツの精神性を重んじたりすることもありますが、国によって言葉の意味や定義が全く違っていることに注意が必要です。

草創期に活躍し欧州に合気道を広めた早稲田大学の大先輩に阿部正先生がいらっしゃいました。合気道会が創設された初期の段階で学生の飲み会に参加してくださったこともあるそうです。阿部先生はフランスを中心に欧州の広い範囲で合気道を教えました。フランスで空挺部隊（落下傘やグライダーで降下して戦闘する部隊）に合気道を教えに行ったときに、多人数掛けが大いに評価されたそうです。なにしろ空挺部隊というのは敵地の真っ只中にパラシュートで降下して橋を占領したり、敵の陣地を攻略したりするのが仕事です。こちらは少人数でしかも奇襲戦法なので迅速に行動しなければいけない。あまり重い武器は携行できない上に、自分の周りは敵だらけというのが相場です。多人数掛けが好評だったのも頷けます。

余談ですが、パラシュートで敵地に降下する間に、下から機関銃で撃たれるのは想像するだけで嫌なものです。二〇一九年にパリを訪問したときに軍事博物館を見学しました。本物の落下傘兵の合間に、ダミーの人形も落下傘で落とすのだそうです。ダミー人形の実物を拝見したらとても小さい。子供よりも小さい寸法です。どうも小さい方が、下から撃ち上げる人が、当たらない当たらないとダミーを熱心に撃って、その分本物の人間の安全度が高まる工夫なのではないかと思いました。

合気余話

合気道にまつわるさまざまなこと

映像ライブラリー

現実の道場で、師範の模範の技を目を皿のようにして見ます。そして映像を心に焼き付けます。このときに自分自身がまさに技を行っている気持ちで師範を見ます。「お願いします」と言って自分が相手と組んだときはもう二回目だと師範は語ります。

コンピュータの発達した現代ではソフト的に表現するほうがみなさんに話が伝わりやすいかもしれません。頭の中で色々な稽古ができます。たとえば、現実の道場で相手と実際に組む前に、自分の頭の中に自分専用の仮想の道場を開設します。今いる現実の道場と寸分変わらぬまったく同じ作りの道場でもいいですし、頭の中の作業なので、自分自身好きなように壁紙を貼って道場を作ってもいいです。この頭の中の道場でこれから行う技でサッと一回相手を投げます。

頭の中での作業は自由自在ですから、たとえば大先生が現れて目の前の相手を投げたという映像をイメージしてもいいですし、師範が模範を示してくれた通りの映像を頭の中に描いてもいいです。上から見た映像でも、横からみた映像でも自由です。

頭の中のひらめきですので一秒間で三回投げるのはとても簡単。朝飯前です。イメージする場所は、額に映像のスクリーンが展開されたり、頭の上だったり、お腹だったり人さまざまらしいのです。師範の話では大先生はまぶたの裏側に映像を描いていたのだそうです。これを連想行（Association training）といいます。

頭の中ですから、とても綺麗に相手をなげる理想的なシーンを完成させます。そして頭の中の世界から現実の世界に戻ってきて実際に相手を物理的に投げます。心の中の映像と実際の投げがうまく一致できればめでたしです。マイナスなことは一切連想しません。

稽古は自宅での独習となります。静かに座り、目を閉じて静かに呼吸を繰り返し瞑想します。最初は一生懸命一秒間に一回でいいので頭の中で技を行います。頭の中にきちんと設計図が描かれています。実際に手の動きを一緒につけて練習するのも効果的だと師範は説明します。徐々に相手の手の感触も感じられるそうです。

ゆっくり上手くできるようになったら、次に頭の中で高速に動いてみます。頭の中なのでどんどん高速にイメージをすることができます。

「一秒間に五つの技を描いていなさい」と師範は説明します。片手両手持ち、右、左、正面打ち、横面打ち、後ろ技など色々な掛かり方でくる相手をどんどん小手返で投げます。入り身、転換と頭の中で体捌きします。その次は技を替えて一教、二教、三教、四方投、入身投とどんどん稽古します。道場では一人稽古の成果を実際に二人で組んで試すという感じなのだそうです。頭の中で稽古したら現実の稽古もちゃんとしなさいとのことです。

師範は、かなり昔から頭の中に大先生の映像ライブラリーを持っていらっしゃるとのことです。師範が自由が丘の自宅を出て新宿若松町の植芝道場（旧本部道場）に行き、やがて大先生が稽古される。そういったシーンが春夏秋冬のバージョンで、頭の中に鮮明なカラー映像としてストックされているそうです。

話は飛びますが、ＳＦ映画で『マトリックス』（ワーナー・ブラザース）という大ヒット作がありました。自分の脳とコンピュータ内の仮想現実をつなぐ話で、この映画の中に拳法の仮想道場が出てきます。登場人物が仮想空間で修行し合って、あっという間に拳法の達人になります。大先生にちなんだのか仮想道場には「勝速日《かつはやひ》」という掛け軸が飾ってありました。勝速日というのは電光石火よりも速い動きで、この映画の中にはピストルの弾を超高速で避けるエピソードも出てきます。

二〇二〇年代のコンピュータ業界ではメタバースという仮想現実がトレンドになっています。その少し前はバーチャルリアリティ（ＶＲ）という言葉が流行っていました。自分が納得できる言葉がよく、仮想空間道場をメタバース道場とかバーチャル道場と説明するとわかりやすいかもしれません。現実世界から仮想道場へ行ったり、また現実世界に帰ってきたり。頭の中なので可能性は無限大だそうですが多少の注意も必要です。「凝り性で気の錬磨に熱心な人はあまり熱中してどこか遠くの世界に飛んで行く。そうすると帰ってくるのが大変になるよ」と師範はコメントしてくださるのでした。師範が説明する大先生の話では、相手が飛ぶ映像が見えて、ちょっと遅れて現実世界でもその通りに相手が飛んでいったというエピソードがあります。

時間と空間の伸び

師範が子供のころ木から落ちた話があります。スローモーションのように木から落ちてゆく自分がいて、周りの人の声がよく聞こえたそうです。スローモーションのように木から落ちている姿を見ている自分と、危機にあって何とか体を動かそうとする自分もいる。二人の自分がいるそうです。

中村天風先生は随変流抜刀術《ずいへんりゅうばっとうじゅつ》の達人です。腰に帯びた日本刀でいきなり抜刀して斬りつけたかと思った瞬間にはもうすでにパッと納刀している。目にも止まらぬ早業だったそうです。ふつうの人が真似をしたら自分の腕を斬って大怪我をしてしまいます。

師範が腰に両手の指で大きな輪っかを作り、刀が収まる鞘の口はこれぐらいの大きさのイメージだったそうです。感覚的に直径十五センチぐらいでしょうか。中村天風先生の済寧館の演武では空中に六尺（約百八十センチ）の高さに真剣を投げ上げて、落ちてくる刀をぴたりと鞘に収める妙技を披露したそうです。

これらは技の伸びに関連する話として師範が説明してくださいました。時間も伸び縮みしますし、空間も伸び縮みします。米粒ぐらいの大きさもラグビーボールぐらいに拡大されるそうです。

自分で組み合わせる

小手返で入り身と転換の体捌き四種類を稽古をします。色々な方向へ移動できることは特に多人数掛けで有益なことは説明しました。自分で動きを組み合わせます。

一　外側へ入り身、相手の背中側へ入り身します。
片手取逆半身から上から切って入り身、片手取相半身で入り身して小手返。

二　内側へ入り身、相手のお腹側へ入り身します。
片手取両手持ですれ違いざまに相手の内側に入り身して小手返。

三　外側へ転換、相手の背中側へ転換します。
片手取逆半身から転換してリバース小手返。
片手取両手持で転換して振りかぶり切り下ろして小手返。

四　内側に転換、相手のお腹側で転換します。
片手取逆半身から内側で転換して遠心力を利かせてリバース小手返。
この内側に入る場合、遠心力を利かせて取りの反対の手で打たれないようにします。

親指の角度を変化させた手首の持たせ方で、五種類の持たせ方を組み合わせて稽古します。（※本書シリーズ第一巻〈四方投編〉の「四方投　手捌き」の写真を参照ください）

一　親指を外側にして持たせる
片手取逆半身で手のひらを上にして相手に持たせてからすぐひっくり返します。

すると相手は螺旋形に体制が崩れます。崩れたところを小手返。

二　親指を上にして持たせる

小手返は通常この場合が多いです。

三　親指を内側にして持たせる

手の甲が上。片手取逆半身で取りに上から持たせて転換、リバース小手返。

四　親指を下にして持たせる

この場合は小手返ではなく大体は腕絡み投げとなります。片手取両手持で親指を下にして持たせ大きく転換、下段から上段に振りかぶり腕絡み投を行います。

五　背中で後ろ手に持たせる

両腕を脇にピタッとつけて、後ろ両手首を袴の腰板の辺りにつけて持たせます。頭を前方に倒しざま、左足もしくは右足を軸に回転、後ろ手のまま相手の片腕をするりと抜いて、振り向きざまに当て身を入れて小手返に投げます。後ろ手の皮膚感覚を利用するのですが、取りの手は自動的に受けの手の中に入ってきます。何気なく書いていますが、頭を倒すのが大事です。（この技はとても面白い技ですが、解説すると写真入りで十ページぐらい必要になるため今回は省略しました）

なお、四番の親指を下にして持たせる腕絡みですが、腕絡みで極めた後でさらに内側に巻き込んで転換し、相手を極端に巻いてから投げる技があります。あまりきつく巻いて投げると相手が肩や肘を脱臼して体を痛める恐れがありますのでご注意ください。体捌きと手首の変化を合わせた色々な動きの組み合わせは各自で研究します。

これに関連して二〇二二年十月の月窓寺道場で師範が教えてくださいました。

「昔、正座したところからピョンと立ち上がりざまに三六〇度水平に体を回転させてパッと立つ練習をした」とのことで、その日は全員で床から立ち上がりざまにピョンと飛んで体をスケートのジャンプのように回転させてパッと立つ練習をしました。そのような稽古をしたのは初めてのことでした。師範曰く「教わったことしか練習しないと、教えてもらってないことができなくなる。一つ教わったら自分でそれを発展させるように一人で練習するものだ」。

一人稽古のヒントは無数にあります。道場の真ん中に立って道場の壁を目がけ、八方向に向けて気合をかけます。基本の転換では一八〇度転換する練習を専らとしますが、九〇度、二七〇度、三六〇度など前足、後ろ足を軸にして自由自在に転換できるように練習します。パッと方向を変えて壁を見る。相手と同じ方向を見て同化する練習となります。

人間の足は二本です。このため次の四通りの回転があります。

一　右足を軸に時計回りに回転する
二　右足を軸に反時計回りに回転する
三　左足を軸に時計回りに回転する
四　左足を軸に反時計回り回転する

この話は月窓寺道場朝稽古の後、吉祥寺の喫茶店「リンデ」で師範を囲んでみんなでお茶をしたときに聞いた話です。実は道場でも師範が何回も説明されていたのですが、人間の足は二本という当たり前すぎる話なので、不覚にもその深い意味を聞き漏らしていたのです。

大先生の杖の映像で「防衛庁の屋上」という映像が残っています。同じ杖の動きがしたいと何回も繰り返して映像を見るのですが、真似ようにもどうしても大先生の動きに追随できません。悩んでいるときに師範がこの人間の足は二本という話をされて頭の上にピンポンとランプが点灯しました。師範のヒントをもとに早速家に帰って映像を確認して見ると右足か、左足の回転の連続です。よーしと思い杖をとって練習しましたが、少しは上達したものの、まだまだ追随どころの段階ではないことを思い知らされました。

コンパ——一人十本のビールの話

これは古き良き昭和時代の物語です。（令和の時代ではアルコールハラスメントと言われかねませんが……）

稽古の後は高田馬場栄通りに先輩方が飲みに連れて行ってくれました。「飲みに行くか？」という先輩の誘いに答えは「はい」しかありません。同じ釜の飯を食う仲間は強い絆で結ばれます。

お店に入って、つまみは決まって一品だけです。先輩方がおごってくれる、後輩はただ飲ませてもらっているだけですから金銭面では気楽なものです。先輩方は持ち金のありったけをアルコールに回して、その結果、つまみはいつも一品だけとなるのです。つまみ一品といわれても何を頼めばよいのやら。最初に頼んだ焼きそばはみんなでつついてわずか数秒でなくなりました。後は永遠に飲んでいるだけです。

新入生が入ってきたのがうれしいのか、先輩方はひどく気前がいいのです。一人に対してビール十本を注文します。新入生が五人いたら「ビール五十本！」と注文しています。運ばれてくるビールを見て一体誰がそんなに飲むのかとあきれましたが、その答えは直ぐ後に知ることとなりました。

「武道は礼に始まり礼に終わる」という言葉がありますが、先輩に礼、ＯＢＯＧには特に気をつけて礼をすること。道場では、入退場時の礼と正面に礼、よその道場に行って木剣や杖があっても絶対に触らないことなどを教わりました。夜のコンパで、武道サークルの細かな礼儀を懇切丁寧に教わりました。上座、下座などの席順。両手を使ったビールの注ぎ方、先輩が注ぐときはコップはかならず飲み干すこと、宴会終了時はコップを必ず空にすることなど、全部上げると枚挙にいとまがありません。

ところで、一人当たり十本のビールはどうなるかという話に戻しますが、新人を歓迎するため全員で乾杯して、まずコップ一杯飲み干します。そうすると先輩が「まあ飲もう！」とビールを注いで下さる。それを後輩は両手でコップを持ってしっかり受けないといけません。両手で受けろとアドバイスが飛んできます。前を見ると先輩のコップが空です。そこで先輩の分も注ぎ返さないといけません。ビール瓶をとって両手で注ぎます。隣のテーブルでも「片手で注ぐ奴がどこにいるか」などと声が聞こえてきます。コンパってなんだか怖いものだなと気づいたときはすでに遅すぎで、二杯目のビールを数ミリ飲んだときには先輩が「まあ飲め！」とビール瓶を持って待機しています。ここでコップに残ったビールを全部飲まなければいけません。折角注いでくださった先輩に失礼になるからです。ビール瓶を持ちながら「重いな」などと言ってコップを空けるのを待っている先輩もいます。ちょっと怖いです。

ほかに仕方がないので全部飲んでコップを両手で持っていると「おっ、いいねえ」といってまたコップ一杯になみなみとビールが注がれるのです。ほかの先輩方も「飲もう」といってビールを注いでくださいます。毎回全部飲み干さないといけません。当然ですが、ビールで胃袋がぶかぶかしてきます。このままでは酔って倒れてしまうと思いました。事実何回か飲み過ぎてひっくり返ったことがあります。稽古も厳しいものがありましたが、コンパの方がきついと思いました。目の前の十本のビールを見て、この十本が私の胃袋に押し寄せてくるぞ。このままではいかんと思いました。

そうだ！目の前の十本を先輩方に注いでしまおう。両手で恐る恐る一本のビールを持つと、意を決して目の前の先輩になみなみと注ぎます。表面張力でコップの縁から盛り上がるくらいなみなみと注ぎます。すると大体先輩方みんな飲むのが好きなので、「悪いな」と言いながら受けてくれます。こぼれそうなぐらい注いだビールのコップに気を取られてヒョイと口に運ぶときに、こちらはさらに隣の先輩に間髪入れずに「ビールをどうぞ！」といって両手で注ぎます。間髪を入れずに次々ビールをお注ぎするのが大事です。少しでも間が空くと注いでやろうとこちらにビールの口が返ってきてしまいます。ともかく次々にビールを注いで、ビール瓶が一本まるまる空くまでこの作業を繰り返します。真剣です。

ビール瓶が空になる瞬間も気を緩められません。空になったビール瓶をテーブルに置く瞬間に、今度は自分のコップをさっと持って先輩方と呼吸を合わせて一緒に飲むのです。このようにコンパとは呼吸の訓練の場でもありました。

自分も飲んで、先輩方にどんどんとしっかり注いで、ビール瓶を一本、また一本と空にしていきます。その頃には机の上につまみは何もありません。ただひたすら飲むだけです。

永遠の時間が過ぎ去ったかと思えたころ、やっと最後の十本目の瓶にたどり着きました。三蔵法師が苦難の旅路の果てに天竺に到着したらこれぐらい喜んだのではと思うほどうれしかったです。最後の一本を無事先輩方に注いで十本の瓶を全部クリアしました。自分もヘロヘロです。

後知恵ですが、人生待ち受け身ではだめです。自分からサッと注ぐことは、自分から積極的に場を主宰する稽古になったと思います。ビールのコップを空にすることは、中村天風先生の重要な教えを追体験する意味があったのですが、この話はまた後でふれることにします。

十本のビール瓶を空にして、ようやく合気道会に入門できたという実感がわきました。気分も楽になり、場の雰囲気にも少し慣れてきました。やれやれ十本空いたわいと、安心したのも束の間です。飲んで楽しいビールが無くなってしまったことに気づいた先輩が、「すごいね、君。よく飲むね。君はビール好きなんだね」と感心してお店の人に大きな声で追加の注文をしました。「ビールもう十本追加！」

ふと我に返って周りを見ると、同期はみんな真っ赤な顔をして異様に元気なハイ状態かダウンしてゴロゴロと横たわっています。驚くことに次の店にも行きました。「よし、次行こうか」と先輩に言われても、もう何次会なのかもわかりません。さすがに酒豪の先輩方もビールは十分飲んだと思ったか、「ホッピーを飲むぞ」と注文しています。大学生になってからホッピーという単語を初めて知りました。人生知らないことばかりだと思いました。おまけに謎のホッピーという飲み物には中と外があるのだそうです。出てくるコップは一つなのでますます謎でしたが深くは考えずに「先輩と同じものを飲みます」とご馳走になりました。「今日は無礼講だ」などという先輩方の言葉を信じてはいけません。飲み会で失言すると大変です。すごく緊張しながら酔っ払うという不思議な状態でした。

毎回の稽古の後でみんなで飲んだ後、先に帰る人達が帰り、いよいよ少人数になります。すると「鳥鈴」（今はこのお店はありません）という栄通りのビルの二階の座敷に上がりこむのが常でした。肩を組んで歌ったり、先輩方のあやしげな恋愛武勇伝に耳を傾けたりしました。毎晩のごとくあきもせずに高田馬場の栄通りで同じ店に通いました。

鳥鈴は和風の小料理屋さんで畳の座敷があり快適です。お酒を飲むばかりでほとんどつまみを注文せずにわいわい騒いでいられたので幸せな時代でした。料理をほぼ注文しなかったのに、お店の経営がちゃんと成り立っていたのか今考えても不思議です。そうして毎晩毎晩、高田馬場栄通りの夜は暮れてゆくのでした。

宴会では暗黙のルールがあり、飲み会のときは合気道の技の使用は禁止です。六大学の他大では宴席で部員が腕を折る怪我をした事例があるとのこと。どうしても技を掛けたいときは四教なら壊れないのでいいという独自ルールの変な言い訳をする先輩もいて怖かったです。足四教という足に掛ける恐ろしく痛い技もあります。

余談ですが、夏合宿や春合宿での昇段試験の後で、初段を取って黒帯になると四教も効かないはずだといって、昇段試験に合格した人を四人がかりで両手両足に四教を掛ける悪戯っぽい儀式をやっていた時期もあります。

ちなみに二人がかりで両手に三教を掛けられると逃げようがなく両手の筋を痛めることがあるので、ふざけている人にやられないように注意します。

一次会は全会員五十名から六十名が入るコンパ会場で開催し、スピーチの時間は一年から四年そしてOBOGまで一人一人手短に全員がなにがしかのスピーチをしました。人前でしゃべる訓練になりました。

二次会は全員で一度に入れる場所を探すのは大変で、一年と三年が組み、二年と四年の組み合わせで二グループに分かれました。これを「一、三」「二、四」（いちさんにーよん）の組み合わせと言っていました。


昭和はまだ携帯電話のない時代であり、高田馬場でお店を探しながら団体で移動する際、一番前と一番後がしっかりと状況を把握し、店まで全員でまとまって入ったものです。団体としても結束力は高かったです。会計は全部先輩持ちなので、宴会が終わると我々下級生は店の前にパッと飛び出てビシッと整列して先輩に「ご馳走様でした」と大声でお礼を言うのが習わしでした。

万難を排して飲み会出席というのはその頃身につけた習慣です。当時は稽古と飲み会はワンセットのような感じでした。

毎晩続く新入生歓迎会の二次会の後で、ある晩みんなで高田馬場駅そばの酔い覚まし公園（今はもうこの公園はなくなってしまいました）に行って夜風に吹かれていたときです。二次会のさらに後です。十人ぐらいは一緒だったと記憶しますが、先輩が泣いているではありませんか。何事かと思ってその先輩に近寄ったが最後、さめざめと泣く先輩の話を直立不動で聞くことになりました。先輩は泣き上戸だったのです。何かの本で読んだことはありましたが、悲しくて泣いているのではなく、新入生が入会してきたことが嬉しかったのか、酔っ払ってさめざめと泣いているのです。初めての経験でびっくりしました。それでもみんな気にしません。それから酔い覚まし公園の高いところに登って一年上の齊藤芳人先輩（第二十二代）の音頭で早稲田大学校歌「都の西北」を歌いました。

稽古が終わるたびに先輩が声をかけてくれます。「飲みに行くぞ」に対して、答えは「はい」しかないのが基本です。飲みに行けば、つまみ一品で、後は飲むだけ。当然酔います。次の朝も頭が痛いことが多く、一限目の講義を取っていたことすら忘れることもありました。栄通りの「清龍」という居酒屋では「お客さん、あまり飲みすぎない方がいいよ」と店員からも声をかけられました。

先輩方からものすごく沢山お酒を頂いた次の日の稽古のことです。稽古が始まる前に、さすがの先輩も昨晩は飲み過ぎのせいか顔色がよくなく、今日は飲みに行くのやめとこうなどと言っています。「ラッキー。今日はまともに家に帰れる」と思って、やがて稽古が始まりました。稽古をひたすら続けていくと、どんどん汗をかいて先輩はどんどん元気になってきます。稽古が終わる頃には、「ああ酔いが覚めた。今日も飲み行くぞ！」と結局また飲みに行くことになるのです。

あまりに毎日続く飲み会に、「もう今日は飲みに行きません」と先輩に宣言したこともあるのですが、先輩方が「じゃあ、三十分だけ飲みに行こう」とうまく誘ってくれて結局深夜まで飲むのでした。

なんだか不思議な因果関係ですが、毎晩の飲み会に来ない新入生は稽古にもいつのまにか顔を出さなくなり、道場に来なくなってしまいました。

先輩方は今日は少しだけだという話で飲み始めますが、結局終電になり歩いて帰るという毎日でした。思い余って「どうしてそんなに毎晩飲むのですか」と意を決して先輩に聞いてみました。すると先輩が、「俺たちは酒を飲んでいるのではない。浩然《こうぜん》の気を養っているのだ」との返答です。そう言いながら毎晩高田馬場で飲んで「都の西北」を高らかに歌っていました。

そういえば深夜の高田馬場駅前、芳林堂書店のビル前のアスファルト上で「はい一年、前受け身！」と言われてコロコロ前受け身をしたことがあります。あるとき準備運動で、合気道の受け身はコンクリートの上でもできると意味深げに先輩方が言っていたのはこのことかと思いました。


一年生の四月、合気道会入会時には同期が大勢いました。ところが、稽古が厳しくなるにつれ、そして毎晩のアルコールの量が増えるにつれて同期の数がどんどん減っていきます。今でも不思議に思うのですが、最初は稽古着を持っていないのでジャージ姿で練習し、サークルに慣れると稽古着を購入するのが常でしたが、その稽古着を買った翌日に退会した学生がいました。家族に反対されたのでしょうか。理由は不明でしたが、安くない稽古着を買った次の日に辞めた人のことは今でも妙に印象に残っています。

辞める理由はいちいち聞きません。先輩方は「去る者は追わず」などと言って何人辞めようが意にも介しません。同期の人数が減ると稽古がますますきつくなって物理的に困ります。だから同期の数はある程度いないと、残った人も辛くなり、あまりに減りすぎるとその代はだれもいなくなるという可能性もあります。先輩方は一年が多すぎると道場が狭くなり、もっと広々と快適に稽古をするため、稽古はもっと厳しくてもいいぞなどと笑えない冗談で下級生にプレッシャーをかけたりしています。

深夜までの飲み会の連続で、学業の探求の方は早い段階で諦めました。私のように附属の早稲田大学高等学院から早大に進学した者は、大学のトップ層とビリの層を形成すると入学式のオリエンテーションで語られていた時代です。高等学院時代の友達は、高校で遊びすぎたので大学では少し勉強しようと思うなどとうそぶいています。合気道に集中する毎日でしたが、唯一ドイツ語中級だけは単位を落とすわけにいかず、小型の録音テープレコーダーを買って、家で何回もテープを聞き返しノートに書き起こしました。小型カセットのテープ代が高いので秋葉原に行ってまとめ買いをしました。テープのお陰でなんとか授業内容を確認し辛うじて中級ドイツ語の単位を取得しました。

裸足のランニング

週二回、文学部記念会堂前の広場でトレーニングを行いました。昔は裸足のランニングです。文学部を出て西早稲田の諏訪通りと明治通りの交差点を左に曲がり、大久保通りを抜けて箱根山を下りて文学部に戻るコースがメインでした。「エイサー、エイホー」と全員で声を掛けながら疾走しました。女子は少し短い女子コースを走っていたと思います。裸足なので、道路に落ちている小さなガラスの破片など避けて走らなければいけません。

稽古着は先輩の手引きで大久保にある「岩田商会」へ買いに行きました。大久保は子供の頃に住んでいたこともあり地理に詳しいはずなのですが、メインの大久保通りからどの小道で曲がるか毎回なかなか思い出せずあてずっぽうに訪問するのでした。当時の岩田商会は門をくぐると駐車場があり車が止まっていて、自動車の脇を通りその奥の玄関が販売所といった感じでした。一九一六年創業で、当初は講道館の中にお店を構えていたそうです。木剣と杖は水道橋の武道具店に先輩に連れられて買いに行きました。

レクリエーション

せっかく入会して大勢いた新入生です。退会者が続出しどんどん減る一方の一年生を鼓舞するためか、春のレクリエーション会が何度か催されました。

その一つが二年生の企画による合コンと、もう一つが記念会堂裏のコートで行ったソフトボール大会です。ソフトボール大会は参加賞として先輩方が工夫を凝らした景品を用意していました。私は「ひっつき虫」という接着剤のようなものをお土産にもらいました。

あまりの稽古の厳しさと毎晩の飲み会に少しめげていた頃です。ひっつき虫というのは先輩方にくっついて、サークルを辞めるなと暗示しているかのようでした。飲み会では同期とお互いに「お前は辞めないよな」などと確認し合って飲んでいました。前の晩に「俺は絶対に辞めない」といっていた同期があっさりと稽古に来なくなったときには、さすがに多少のショックを覚えました。あまりにも辞める人が多く、終いにはまあ人生そんなものだななどと達観してしまいました。

コンパには必ず宴会芸の時間がありました。

前にも書きましたが先輩方の稽古はお互いに目に見えない鋭利な日本刀を振って斬り合うような一種の凄みがありました。しかし一旦稽古が終われば宴会です。先輩方は、本当に芸達者な方が多かったです。二宮聡先輩（第二十一代）は中でも傑出していました。こんな芸がありました。インチキ・フランス語講座という内容です。「ボンジュール」「ムッシュ」、ここはなんですかと背中を指さして、「セボネ」。ここはと腰を指さして「コシボネ」、これらを組み合わせて会話します。「ボンジュール、セボネ、コシボネ、ムッシュ」流暢にしゃべる先輩の話をそばで聞いているとまるでフランス語を聞いているような気になるという芸です。たまに「メルシーボク」などが挿入されたりします。全員で大笑いして聞きました。宴会では稽古の厳しさを忘れて底抜けに楽しみました。

厳しい稽古と楽しい宴会、と思いたいのですが、宴会にも独特の怖さがありました。緊張の連続です。入会当初は多少のお客様扱い的な歓迎ムードがありましたが、月日が経つと「一年も芸をやれ！」と先輩から命じられるのです。おまけに「一年の芸がつまらなかったら、二年が責任芸をやれ」とプレッシャーがかかるのです。二年の先輩方も顔が厳しくなっている。なんとも言えない重圧感です。これも稽古の続きか、と思いました。演芸大会の出し物の芸がウケるかどうか、これも命がけなのです。

応援歌

伝統の早慶戦となると、神宮外苑に野球観戦に行き、合気道会で泊まり込みをしました。当時は神宮球場周りの地面に座り込んで一晩中飲んでいたのです。私たちは毎晩飲んで鍛えていたので大丈夫だったのですが、周囲では飲み慣れない他の学生がバタッと倒れることもありました。今考えると救急隊員の人たちには誠に申し訳ない限りですが、早慶戦泊まり込みのその晩、飲み過ぎで倒れた学生が救急車で運ばれていくたびに「都の西北」を歌っていました。翌日、早慶戦の最中はスタンド内の日差しがものすごく眩しく、応援団の指導する応援に大忙しです。日本女子大合気道部の人たちが差し入れのお弁当を持って野球観戦に来てくれたのですが、ゆっくり観戦して楽しむ余裕はありませんでした。

早稲田の応援歌はたくさんあります。聞いたことがあるだけでも十数曲あります。「紺碧の空《こんぺきのそら》」（早稲田大学第一応援歌　作詞　住治男／作曲　古関裕而）、「早稲田の栄光」（作曲　芥川也寸志／作詞　岩崎巌）など早慶戦のときとはいわず、後輩にはぜひ多くの歌を歌ってほしいと思います。

統制訓話

レクリエーションに浮かれてばかりいられません。ある晩の稽古前のことです。薄暗がりの旧体育館武道場の建物の脇に一年全員が集められました。相撲場へ続く入り口があったところです。統制という役職の先輩が一年生に対し、「合気道会は男女交際禁止である」との訓話をされました。

合気道会は遊びがメインの軟派なサークルではないのだという理由です。ただ単に仲間と楽しく遊ぶだけのテニスサークルが乱立していた時期です。この話を聞いてバラ色の大学生活を送ろうと思っていた私なのですが淡い期待は打ち砕かれました。早稲田大学高等学院という男子校を卒業して、これから共学というときでした。どうやら先輩は合気道サークル内での男女交際は禁止だと言いたかったらしいのですが、短絡的な私は拡大解釈して大学四年間は彼女を作ってはいけないのだと勝手に勘違いしました。まるで自分が中国武術映画のシーンに登場する少林寺の見習いで、和尚さんから仏門は恋愛禁止だと言われてガーンとなっているみたいな気がしました。と同時に、合気道会はなんとすばらしく武道一筋に打ち込む本格的な武道専門集団なんだと改めて先輩方を尊敬したのです。

カラオケの上手い人

大先生の演武を見ていた人が、「無造作に行っているように見える」と感想を述べました。カラオケの上手い人はどんな歌も自然に歌います。師範が、カラオケの上手い人がいるという話をたとえに、「大先生は相手がどんなに上手な人でも全く同じように投げてみせる。あまりにも自然に流れるように次々と技が決まるため、無造作に投げているように周りから見えるのかもしれませんが、決して無造作なのではなく、とても丁寧に技を行っているんです」と説明してくださいました。

素人を上手に扱えたら一人前という話があります。

武道の達人でむしろきれいな線が出来ている専門家が相手だと、相手の攻撃の線がきれいに合気道の動きの中に吸い込まれるように入ってくる。ところが素人が相手だと、どんな動きをするか予想がつきにくい。相手が思わぬ反応をすることがあります。素人を上手く扱えたら一人前という話です。

反対に転がる人

欧州を中心に海外で指導する師範の話は、毎回興味津々で聴いています。稽古する人間が百人いたら、だいたい一人はとんでもない動きをするそうです。たとえば、投げを打つ。すると九十九人ぐらいは投げられた方向に自然に飛んでいく。ところが大勢が集まれば例外もあります。突拍子もない動きをする人は世界中どこにでも必ずいて、投げた方向と反対の方向に飛んでいく変わった受け身の動きをする人が必ずいるそうです。

一九会道場への誘い

大学生の春、稽古に明け暮れていたそんなある日、いつものように合気道会の溜まり場である商学部十二号館ラウンジにいると、「〝いちくかい〟に行くか?」と先輩に聞かれました。「いちくかい」が一九会と書くことも何も知りません。ともかくこのときまで聞いたこともありませんでした。「一九会ってどんなところですか?」と聞きましたが、「いいところだ」という程度の説明ではっきりとはわかりませんでした。武道サークルの常で即座に「はい」と答えたものの、何か先輩方同士で言い合いをしています。ちょっと不穏な感じです。「こいつらはまだ早い」だとか。先輩方の意見が割れるのもかなり怪しいです。何やら先輩方のひそひそ話を聞いていると、どうやら一九会というのはふつうの所ではない。かなりハードな道場という印象を受けました。実際に行くのはこの十六年後です。

受け身の取れない投げ

卒業してから吉祥寺にある月窓寺道場に通うようになりました。稽古のときに師範が、家に入ってきた泥棒を何回も投げる柔道家の話をしてくださいました。

ある柔道家の家に泥棒が入り、これを見つけた柔道家は捕まえて投げ飛ばします。すると泥棒はサッと起きてくる。そこでまた捕まえて投げる。こんなことを何度か繰り返し、柔道家は、はてこの泥棒はなんで何回も起きてくるのだろうという疑問が頭をもたげました。そしてようやく柔道のふつうの投げ方は相手を怪我させないように安全に投げているのだということに気づき、担いで投げる途中でパッと手を離したところ、泥棒は気絶して起き上がってこなくなったそうです。

「合気道の稽古ではわざと受け身が取れるように投げているのであって、緊急退避のときにふつうに投げちゃだめだよ」と説明されるのでした。

「みんなが稽古でふつうに受け身を取っているのも、受け身が取れるように安全に相手が投げているんだよ」という説明です。古流柔術の原型の技では一秒でも早く戦場で敵を倒す必要があるのですが、現代武道である合気道はお互いに安全に稽古しながら体や精神を鍛えるという方向を目指しています。

大先生は北海道白滝村開拓時代に武田惣角先生に大東流を習います。古流柔術で小手返の原型の技はどうやら瞬間的に鋭角に厳しく小手を折り曲げる技だったようです。

師範はよく胸の前で三角形の角張った動きを示しながら鋭角の動きを説明します。本当に一回で技を効かせるときは鋭角の技の方が効果があるといいます。大先生は「大東流はとても力がいる」「大東流はその訓練方法がすぐれている」と話されていたそうです。

師範の説明によれば、第二次世界大戦前、大先生の初期のお弟子さん達の技は鋭角で角張っていたそうです。えい、や、という角張った動きだったそうです。大先生が京都の綾部で八方向に吊るした鞠《まり》を槍で自在に突く修行などを重ねていくうちに段々と三角形の角の部分が丸くなり、昭和十八年を転機に旧本部道場時代を経て、現在の合気道の円の動きに昇華していったそうです。

合気道にも受け身の取れない投げという特殊な投げ方もあります。師範が道場でこうやって投げると相手は受け身が取れないという技の説明をしてくださったことがあります。回転投げでふつうは受けが受け身を取りやすいように前方にサッと回転させて投げ放ちます。ところが回転投の投げる角度を変えて受けが取りの回りをU字型に回るようにグルリと回して後方に投げ放ちます。すると受けは腰から先にドーンと畳に飛んでいくという仕組みです。師範が旧本部道場で稽古していた昔はこういう受け身の取れない技をずいぶん研究していた時期もあったそうです。師範が道場で投げると受けの体が「カーン」という音を立てたそうです。

武道に対して、人それぞれ色々な考え方があります。同じ合気道でも道場や学生のクラブとして指導方針にそれぞれの特徴があるものです。厳しい稽古を望む道場によっては、ハードな練習のあまり、受けの人が怪我をしたり、骨折者が出たりするところがあります。しかし、練習をハードにしすぎて怪我をするとその間稽古ができません。古き良き古武道の時代、いにしえの戦場では敵を制圧するため、直線的で鋭角な技を競っていた。そういう時代もあったと思います。

現代の合気道は、古来からの技に丸く捌く動きを加えて直接的なダメージを逃がして、しかもお互いに練り合う稽古を行います。大先生が創始した合気道の技は安全に配慮をしながらお互いにしっかりとした練習ができるようにとても工夫されているのです。入り身転換により遠心力が巻き起こるダイナミックな円転の動きが合気道の特徴の一つです。

練習は愉快にすべし

大阪の吹田に故 田中万川先生の道場があります。大学卒業後ＮＥＣの関西支社で大阪勤務となり、もう何十年も昔ですが、三角形の形をした道場を訪問しました。二階に上がると合気道練習の心得という張り紙があるのを発見しました。その中の一節で、「練習は愉快にすべし」という大先生の教えが掲げられていました。その昔、武道は厳しく少し怖いものだとの時代背景で、愉快にすべしとはとてもモダンな考え方だと感銘を受けました。

師範の話では、時代によって大先生の技はどんどん変化して、大きく分けて三段階の変化があったそうです。戦前の時代に大先生のお弟子さんだった門下生は古流の影響か、少し角ばった動きをしたそうです。昔の技から晩年の大先生の技を定期的に訪問して稽古していたのが、白田林二郎先生だそうです。戦後のお弟子さんはだんだん動きが丸くなっていきます。この話からわかることで、武道の稽古は常に師について自分を変化させてゆくことの重要性を示しています。大先生は晩年、「人を投げるのは箒で掃くようなもの」と言ってさっさと投げる。それを弟子が真似て行うと、「真面目にやれ」と注意したそうです。

長期欠場

大学一年生の春、毎日の稽古や記念会堂前でのトレーニングの体力作りにも多少慣れ、また、毎晩続く宴会にも体がなじんできた頃です。「好事魔多し」とはこのことでしょうか。変則的な投げで変な角度で畳に落とされるとたまりません。大怪我をしました。

その日は稽古の後で少しでも受け身が上手くなろうと残り稽古をしていました。早稲田の旧柔道場です。その場にＯＢが稽古に来ていて、私が受け身の練習をしているところに来て「少し稽古しよう」ということになりました。その先輩は投げのタイミングが少し変で、受け身の取りにくい投げ方をする先輩でした。

変な投げ方をするなと思ったのも束の間、腰から激しく畳に落ちて受け身を取る間もなく、背骨から腰骨までがギクリときしみました。一瞬のことでしたが、血の気が引いた感じがしました。きっと顔は青ざめていたことと思います。このときに腰に大ダメージが残り一年間の欠場となりました。

症状はギックリ腰のひどいものです。日常生活で歩いたりできるのですが、何も特別な動作をしなくても突然腰に激痛が走り、体全体に全く力が入らない状態になります。

ヨーロッパでギックリ腰のことを「魔女の一撃」というのですが、どこにいようが痛みが走るとサーッと顔から血の気が引き、立ちすくみとなります。激痛が走るとき、横断歩道の真っ只中だろうが脂汗を流して立ち止まってしまいます。その日以来、体は満足に動かず稽古には参加できずで長く苦しい闘病生活が始まりました。辛うじて大学の講義は出席しましたが、稽古は見学ばかり。とても一九会に行くどころではありません。人生万事休すと思いました。出口の見えない長いトンネルにいるようなもので、夏合宿や春合宿にも参加できず、同期と稽古量に大差がつくのが辛かったです。

『スター・ウォーズ　エピソード5―帝国の逆襲』(ジョージルーカス製作　20世紀フォックス）というSF映画の公開二作目で、主人公がコテンパンにやられてあわや奈落の底に落ちそうになるという悲惨な物語がありました。大学での稽古はまだ始まったばかりというのに自分の体が動かない。今でもこの映画を観ると大学一年生のときの気持ちが思い出されます。

気の練磨――鈴《りん》

気の錬磨の道具として、鈴《りん》を紹介します。ブザーでもかまいません。坪井威樹《つぼいたけき》先生（第六代）は学生稽古の前に、木製の箱に入ったブザーを鳴らしていました。ただブーッとブザーの音が出る小箱です。

稽古が始まる前に、「音に同化する」精神集中の稽古を行います。色々な大きさの鈴を仏具屋さんで購入できます。現在の私のお気に入りの鈴は、昔、岩手旅行をしたときに帰りに宮城県の松島に寄って海岸沿いのお店で購入した鈴です。地元の小学校で合気道を教えるときに集団でもよく聞こえるようにと少し大きめのサイズを買いました。

やり方は簡単です。静かにします。正座したりあぐらをかいて座ってもいいです。椅子に座ってもかまいません。耳を澄まして、鈴を小さな棒で叩きます。音が出ますので、その音に同化するようにします。だんだん音が小さくなります。心耳を澄まして空の声を聞きます。いい鈴ですとかなり長い間音が続きます。都会であれば車の音とか周りの音が色々聞こえてきますが、気にしません。さらに鈴の音が小さくなり、やがて音がフッと消えた瞬間に心を透明にします。心が透明になった後もしばらく余韻に浸ります。

集団で稽古の前に行うときは一回でもいいですし、自分一人で行うときは何回かやってもいいです。慣れてくると鈴がなくても頭を空にして透明な気持ちになれます。

社会人になって忙しい仕事の合間をぬって道場に入り、合気道の稽古をする。その前にサッと心を透明にして稽古に臨むと、気持ちも切り替わり効果抜群です。

長年修行を重ねたお坊さんが修行の果てにやっと自分がつかめた境地に、鈴の効果であっという間に入れてしまうので驚いたという話を聞いたことがあります。

鈴（りん）
気の錬磨に使用します。特に宗教とは関係ありませんので良い音が鳴るブザーでも構いません。静かに正座し心を落ち着け耳を澄まして鈴を鳴らします。鈴の音に同化します。やがて音がだんだん小さくなり聞こえなくなる瞬間に心を透明にします。

著者 梶浦 真 *Kajiura Makoto*

1961年千葉県生まれ。1976年5月に合気会本部道場入門。1979年早稲田大学法学部入学とともに早稲田大学合気道会に入会し多田宏師範に師事。1983年卒業後、日本電気（株）で半導体事業に従事。その後外資系企業を含む数社に転職し、合気道着を片手に世界各地を訪問する。現在は合気道月窓寺道場（東京都武蔵野市吉祥寺）で稽古中。公益財団法人合気会六段。著書に『合気道稽古ノート天地 <四方投編>』（グリーンキャット刊）がある。

合気道稽古ノート **天地**〈小手返編〉

二〇二三年六月十六日 第一刷発行

著者 梶浦 真

協力 奥井将也
澤田伸次
吉田遼太郎
小島裕史
下田ゆかり
安本太一
キャメロン・クリストファー裕太
池上麻由子
土肥由美子

制作 北崎事務所

発行人 梶浦 真

発行所 株式会社 グリーンキャット
東京都千代田区麹町四ー三ー三 新麹町ビル七階
電話（〇三）六二五六ー八三七七
ファックス（〇三）六二五六ー八三七八

印刷所 株式会社 平河工業社

Printed in Japan ISBN978-4-904559-19-2